Juliet Falce-Robinson

University of California, Los Angeles

Volume 2

Student Activities Manual

for

MOSAICOS

Spanish as a World Language

Fifth Edition

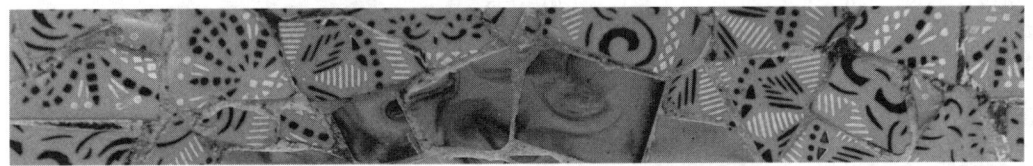

Matilde Olivella de Castells (Late)

Emerita, California State University, Los Angeles

Elizabeth E. Guzmán

University of Iowa

Paloma Lapuerta

Central Connecticut State University

Judith E. Liskin-Gasparro

University of Iowa

Prentice Hall
Upper Saddle River London Singapore Toronto
Tokyo Sydney Hong Kong Mexico City

Executive Editor: Julia Caballero
Development Editors: Elizabeth Lantz, Celia Meana
Executive Marketing Manager: Kris Ellis-Levy
Senior Marketing Manager: Denise Miller
Marketing Coordinator: William J. Bliss
Senior Managing Editor: Mary Rottino
Associate Managing Editor: Janice Stangel
Project Manager: Manuel Echevarria
Development Editor for Assessment: Melissa Marolla Brown
Media Editor: Meriel Martínez
Senior Media Editor: Samantha Alducin
Art Manager: Gail Cocker
Illustrator: Andrew Lange Illustration
Cartographer: Peter Bull Studio
Assistant Editor/EditorialCoordinator: Jennifer Murphy

Manufacturing Buyer: Cathleen Petersen
Manager, Print Production: Brian Mackey
Manager, Rights and Permissions: Zina Arabia
Manager, Visual Research: Beth Brenzel
Manager, Cover Visual Research & Permissions: Karen Sanatar
Image Permission Coordinator: Fran Toepfer
Photo Researcher: Diane Austin
Designer: Ximena Tamvakopoulos
Creative Design Director: Leslie Osher
Art Director, Interior: John Christiana
Editorial Assistant: Katie Spiegel
Publisher: Phil Miller
Composition/Full-Service Project Management: Macmillan Publishing Solutions
Printer/Binder: Bind-Rite Graphics

This book was set in 12/14 Sabon.

Copyright © 2010, 2006, 2002, 1998, 1994 Pearson Education, Inc., publishing as Prentice Hall, 1 Lake St., Upper Saddle River, NJ 07458. All rights reserved. Manufactured in the United States of America. This publication is protected by Copyright, and permission should be obtained from the publisher prior to any prohibited reproduction, storage in a retrieval system, or transmission in any form or by any means, electronic, mechanical, photocopying, recording, or likewise. To obtain permission(s) to use material from this work, please submit a written request to Pearson Education, Inc., Permissions Department, 1 Lake St., Upper Saddle River, NJ 07458

10 9 8 7 6 5 4 3 2 1

www.pearsonhighered.com

Student Edition ISBN - 10:	0-205-66431-8
ISBN - 13:	978-0-205-66431-3
Volume 1 ISBN - 10:	0-205-68710-5
ISBN - 13:	978-0-205-68710-7
Volume 2 ISBN - 10:	0-205-68709-1
ISBN - 13:	978-0-205-68709-1
Volume 3 ISBN - 10:	0-205-68708-3
ISBN - 13:	978-0-205-68708-4

CONTENTS

Preliminar	Bienvenidos	1
1	En la universidad	21
2	Mis amigos y yo	49
3	El tiempo libre	73
4	En familia	97
5	Mi casa es su casa	123
6	De compras	153
7	Los deportes	179
8	Nuestras tradiciones	205
9	Hay que trabajar	233
10	¡A comer!	261
11	La salud es lo primero	291
12	¡Buen viaje!	319
13	Las artes y las letras	347
14	Los cambios sociales	373
15	Hacia el futuro	399
Appendix	Stress and written accents in Spanish	A1

CAPÍTULO 5

Nombre: _____

Fecha: _____

Mi casa es su casa

A PRIMERA VISTA

5-1 ¿Dónde los pongo? You are helping a friend move into a new apartment. Match each piece of furniture, fixture or appliance with the place in the house where it should logically go.

1. _____ la cama
2. _____ el sofá
3. _____ el microondas
4. _____ la barbacoa
5. _____ la ducha

a. el dormitorio
b. la sala
c. el baño
d. la cocina
e. el jardín

5-2 Mi casa. Your friend Adriana is telling you about the house she is planning on renting. Complete her description with the words from the word bank.

| cama | lavabo | muebles | refrigerador |
| chimenea | lavaplatos | piscina | sofá |

La casa que voy a alquilar es grande, pero no tiene nada; no tiene (1) _____ , así que para la habitación tengo que traer mi propia (*own*) (2) _____ para poder dormir. Para la sala, traigo mi (3) _____ para sentarme (*sit*) a mirar la televisión. La cocina está completamente equipada (*equipped*). En la cocina tengo un (4) _____ para conservar la comida fría y un (5) _____ para lavar los platos después de comer. En el baño hay un (6) _____ de mármol (*marble*) para lavarme las manos. ¡Es muy bonito! Además, en la casa hay una (7) _____ para calentar la casa en el invierno. Y lo mejor de todo… en el jardín hay una gran (8) _____ donde puedo nadar con mis amigos en el verano.

Nombre: _____   Fecha: _____

🔊 **5-3 ¿Que apartamento es?** Imagine that you work at the university housing center. Three messages on your answering machine describe newly available properties, one of which has been diagrammed and faxed to your office. First, look at the apartment's layout. Then listen to the three messages and identify the description that matches the apartment. Finally, complete the sentence below by writing **1, 2,** or **3.**

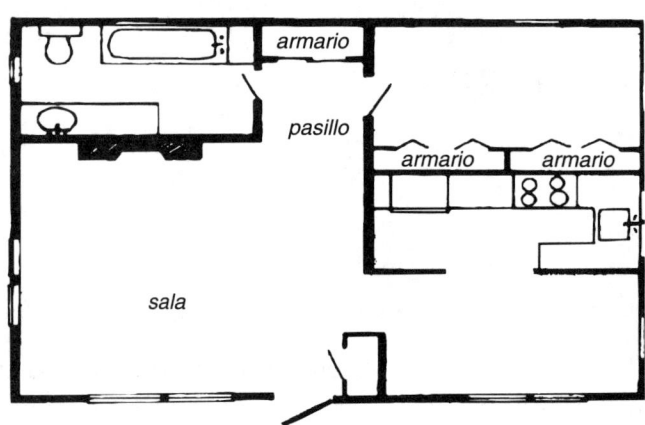

1. Este es el apartamento número _____.

🔊 **5-4 El apartamento de Adriana.** Your friend Adriana was not able to rent the house that she told you about, and you realize that the apartment you just reviewed (in exercise 5-3) would be perfect for her. She likes it and decides to rent it. Now listen to Adriana, and match each piece of furniture or appliance to the room she keeps it in.

1. _____ el refrigerador   a. la sala
2. _____ la alfombra   b. el cuarto
3. _____ la mesa   c. la cocina
4. _____ la lavadora   d. el comedor
5. _____ la mesa de noche   e. el pasillo

124 ■ *Mosaicos* Student Activities Manual

Nombre: _____   Fecha: _____

5-5 Una casa para la familia Rivera. Professor Rivera and his family are also looking for a house, and one of your colleagues has good news. Read each of the statements below; then listen to him and indicate whether the statements are **Cierto, Falso** or **No dice** (the passage does not give the information).

1. Los señores Rivera quieren una casa en un barrio tranquilo.   Cierto   Falso   No dice
2. Los señores Rivera tienen siete hijas.   Cierto   Falso   No dice
3. Limpian la casa los sábados.   Cierto   Falso   No dice
4. La abuela visita a la familia a veces.   Cierto   Falso   No dice
5. La casa tiene dos pisos.   Cierto   Falso   No dice
6. Hay un garaje para tres coches.   Cierto   Falso   No dice
7. Hay cuatro dormitorios en la casa.   Cierto   Falso   No dice
8. No hay terraza, pero hay piscina.   Cierto   Falso   No dice

5-6 ¿En qué parte de la casa? You are helping the Rivera family move to their new house. The moving company is bringing all of their belongings, and the movers ask where to put each item. Listen to their questions and tell them to put each item in the room where it is usually found.

MODELO: You hear: ¿Dónde quiere la cómoda?

You say: *en el dormitorio*

1. ...
2. ...
3. ...
4. ...
5. ...
6. ...
7. ...
8. ...

Nombre: _____   Fecha: _____

5-7 Las tareas domésticas. Adriana and her new roommates have just been chosen to appear on MTV's *Room Raiders*, and the new apartment is already a mess! Use the verbs below and the vocabulary from *Capítulo 5* to make a list of all the things they need to do to get the apartment ready.

barrer	ordenar	planchar	secar
limpiar	pasar	sacar	tender

MODELO: *secar los platos*

1. _____
2. _____
3. _____
4. _____
5. _____
6. _____
7. _____
8. _____

Nombre: _____   Fecha: _____

5-8 ¿Qué deben hacer? Your friends always call you when they are in a situation in which they do not know what to do. Read your friends' dilemmas and select the most appropriate advice.

1. Su amiga tiene un día muy importante mañana. Cuando va al armario a buscar la ropa (*clothes*), ve que todo está sucio. ¿Qué debe hacer?

    a. barrer   **b.** lavar la ropa   **c.** pasar la aspiradora   **d.** comprar un lavaplatos

2. Su amigo quiere vender su apartamento. Hoy va a venir un agente y su apartamento está muy desordenado. ¿Qué debe hacer?

    a. regar las plantas   **c.** ordenar el apartamento
    b. usar el microondas   **d.** planchar la ropa

3. Su amigo va a hacer una barbacoa en el jardín esta tarde. Quiere invitarlo/la a usted y a otros amigos. ¿Qué debe hacer?

    a. secar la ropa   **b.** hacer la cama   **c.** barrer la terraza   **d.** pasar la aspiradora

4. Los abuelos de su amiga van a visitarla y van a dormir en el cuarto de ella. ¿Que debe hacer?

    a. secar la ropa   **b.** hacer la cama   **c.** barrer la terraza   **d.** regar las plantas

5. Su amiga quiere preparar una cena muy grande, pero todos los platos están sucios. ¿Qué debe hacer?

    a. regar las plantas   **c.** ordenar el apartamento
    b. usar el microondas   **d.** lavar los platos

5-9 ¿Cuándo hace las tareas domésticas? You also just moved into your own apartment, and your mother would like to know how you are handling the household chores. Write her a brief e-mail message telling her which household chores you do and how often you do them.

Hola, mamá:

_____
_____
_____
_____
_____
_____
_____

5-10 Crucigrama. Complete the crossword puzzle by providing the word that correctly answers each of the following clues. All words refer to parts of the house, furniture or appliances.

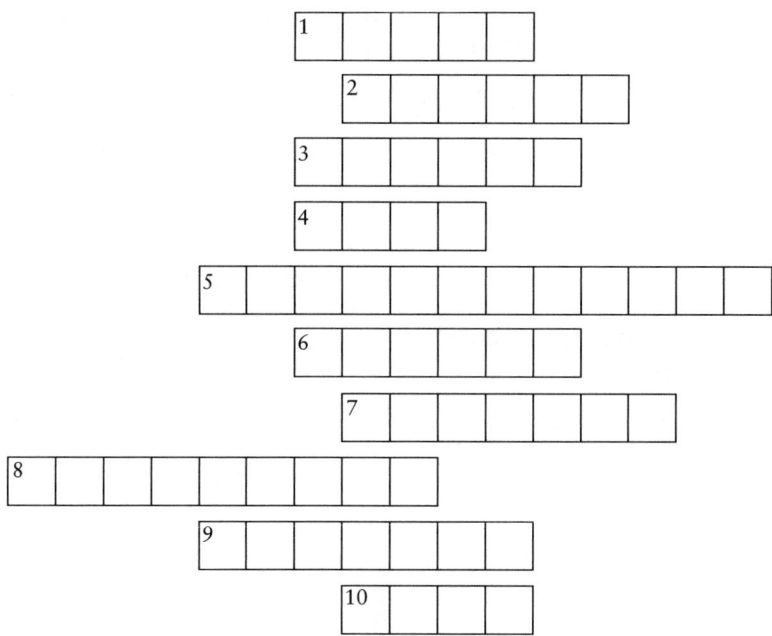

1. Podemos escuchar música y programas con este aparato.
2. Preparamos la comida en esta parte de la casa.
3. Aquí hay plantas, y los niños pueden jugar y correr. A veces también hay una piscina.
4. Usamos este mueble para dormir.
5. Es el electrodoméstico que mantiene la comida fría.
6. Es similar a una silla grande y cómoda.
7. Las personas normalmente comen en esta parte de la casa.
8. Usamos este aparato eléctrico para mirar y escuchar programas.
9. Es la decoración que ponemos en las ventanas.
10. Es el mueble donde pueden sentarse (*sit*) dos o tres personas, y normalmente está en la sala.

Nombre: _____   Fecha: _____

EN ACCIÓN

5-11 Antes de ver. In this video segment, Javier tells Daniel that he is looking for an apartment or a room to rent and they discuss the details of one that he has already seen. Before you watch the segment, look at the words below and write the name of each item under the room where you would find it.

      la ducha   el horno   el fregadero

      el sofá   el inodoro   el televisor

LA SALA	LA COCINA	EL BAÑO
1. _____	3. _____	5. _____
2. _____	4. _____	6. _____

5-12 Mientras ve. As you watch the video segment, indicate whether the following statements are **Cierto, Falso,** or **No dice** (the information is not given in the video clip).

1. Javier quiere alquilar un apartamento o un dormitorio por un mes.

   Cierto   Falso   No dice

2. Daniel está filmando todos los apartamentos.

   Cierto   Falso   No dice

3. A Javier le gusta un apartamento amueblado en las afueras de Coyoacán.

   Cierto   Falso   No dice

4. El apartamento tiene una terraza grande.

   Cierto   Falso   No dice

5. La señora que alquila el apartamento lo limpia bien.

   Cierto   Falso   No dice

6. Javier decide compartir la renta de un apartamento con Daniel.

   Cierto   Falso   No dice

7. Daniel guarda muchas cosas en su clóset.

   Cierto   Falso   No dice

Nombre: _____   Fecha: _____

5-13 Después de ver. Imagine that the woman in the video segment is now getting her apartment ready to show to someone else. Based on the following photos from this episode, write two sentences using the present progressive to describe what she is doing to make the apartment presentable.

MODELO: *Está ordenando el apartamento.*

1. _____
2. _____

FUNCIONES Y FORMAS

1. Expressing ongoing actions: Present progressive (Textbook p. 164)

5-14 Una nueva casa. Adriana and her friends are helping Professor Rivera and his wife get their new house in order. Read the sentences that describe what they are doing. Then complete the sentences with the present progressive form of the most logical verb from the word bank.

        hacer   limpiar
        barrer   pasar
        cortar

MODELO: Los hijos del profesor Rivera *están regando* las plantas.

1. Jaime _____ el césped.
2. Alicia _____ el baño.
3. El profesor Rivera _____ la terraza.
4. La señora Rivera _____ la aspiradora.
5. Adriana _____ las camas.

5-15 ¿Qué están haciendo? Read the sentences below about Professor Rivera and his wife and Adriana, Alicia, and Jaime. Based on where they are, indicate what they are probably doing.

MODELO: Jaime está en la cafetería.
Está tomando café.

1. Adriana está en la terraza.
   _____
2. Alicia está en la cama.
   _____
3. La señora Rivera está al lado del refrigerador.
   _____
4. Jaime está en el baño.
   _____
5. Adriana y Alicia están en la cocina.
   _____
6. El profesor Rivera está en la sala.
   _____
7. La señora Rivera está en el comedor.
   _____

Nombre: _____   Fecha: _____

5-16 Una conversación por teléfono. Adriana's parents and grandparents are visiting from El Salvador. Her sister, Amanda, calls from El Salvador to find out what everyone is doing. Complete the dialogue below with the correct present progressive form of the most logical verb from the list. Use each verb only once.

        dormir   estudiar   preparar

        escribir   hacer   reparar   ver

AMANDA: ¡Hola, Adriana! ¿Qué tal? ¿Qué (1) _____ ahora?

ADRIANA: ¡Hola, Amanda! Yo (2) _____ la televisión. Ponen mi telenovela favorita.

AMANDA: ¡Qué bueno! Y ¿dónde está mamá?

ADRIANA: Está en la cocina. (3) _____ un pastel para el cumpleaños de papá.

AMANDA: ¿Y papá?

ADRIANA: Está en el garaje. (4) _____ mi auto, que tiene algún problema.

AMANDA: ¡Papá es tan buen mecánico! Y tus amigos, ¿qué hacen?

ADRIANA: Alicia está en la biblioteca; (5) _____ para un examen mañana.

AMANDA: Claro, como siempre. ¿Y qué hace Jaime?

ADRIANA: Jaime (6) _____ todavía (*still*) porque anoche (*last night*) fue a una fiesta y ahora está cansado. ¿Y tú, qué haces?

AMANDA: (7) _____ un informe (*report*) para la clase de antropología. Bueno, Adriana, te dejo (*I'll let you go*) porque tengo que terminar.

ADRIANA: Bueno. Cuídate (*take care*) y llámame pronto.

5-17 La familia de Adriana. You are studying with Adriana when her sister Amanda calls again. Everyone is busy doing different things, so they cannot come to the phone. Listen to Adriana and match each activity with the name of the person who is doing it.

1. _____ Adriana   a. está sacando la basura.
2. _____ La madre   b. está lavando los platos.
3. _____ El padre   c. está estudiando para un examen.
4. _____ El abuelo   d. está conversando con un amigo.
5. _____ La abuela   e. está durmiendo en su cuarto.

Nombre: _____   Fecha: _____

🔊 **5-18 Las actividades de la familia de Alicia.** Alicia calls home and her father answers the phone. Read the questions that Alicia asks and then listen to the answers her father gives. Finally, write the complete sentence giving the correct information.

MODELO: You see: ¿Mamá está lavando los platos?
→ If you hear: Sí, es verdad.
You write: *Mamá está lavando los platos.*
→ If you hear: No, Mamá está pasando la aspiradora.
You write: *Mamá está pasando la aspiradora.*

1. Papá, ¿estás mirando la televisión?
   _____

2. ¿Clara está estudiando?
   _____

3. ¿Luis está comiendo un sándwich?
   _____

4. ¿Pablo está leyendo un libro?
   _____

5. ¿El abuelo está escuchando la radio?
   _____

6. ¿El perro está durmiendo en la cocina?
   _____

5-19 ¿Qué está haciendo su familia? Can you guess what your own family members are doing at this moment? Write a paragraph of three to five sentences about what the members of your family might be doing right now.

_____
_____
_____
_____
_____

Nombre: _____   Fecha: _____

2. Describing physical and emotional states: Expressions with *tener* (Textbook p. 167)

5-20 ¿Qué tienen? Give the expression with *tener* that describes each of the pictures below.

1. _____

2. _____

3. _____

4. _____

5. _____

6. _____

134 ■ *Mosaicos* Student Activities Manual

5-21 Adriana y sus amigos. Read about the situations of Adriana and her friends and select the answer that indicates how they feel.

1. Adriana trabaja mucho y duerme muy poco. Por eso siempre…

    a. tiene suerte. **b.** tiene sueño. **c.** tiene razón.

2. Jaime juega al tenis los sábados por la mañana. Después de jugar, toma refrescos porque…

    a. tiene frío. **b.** tiene miedo. **c.** tiene sed.

3. Adriana y Alicia están a dieta. Sólo toman jugo para el desayuno y comen vegetales y frutas para el almuerzo. A la hora de la cena ellas…

    a. tienen hambre. **b.** tienen prisa. **c.** tienen calor.

4. Adriana y su hermana Amanda siempre juegan a la lotería, y nunca ganan (*win*). Ellas no…

    a. tienen cuidado. **b.** tienen suerte. **c.** tienen razón.

5. La clase de español empieza a las ocho de la mañana. Son las ocho menos diez, y Adriana está todavía (*still*) en la cafetería. No puede hablar con Jaime porque ella…

    a. tiene frío. **b.** tiene sed. **c.** tiene prisa.

5-22 Y ahora, ¿qué tienen? Listen to the descriptions of Adriana and her friends and family. Choose the best expression with **tener** and write a complete sentence to describe them.

MODELO: You hear: Adriana está corriendo en el parque y quiere beber agua.

You write: Adriana *tiene sed*.

1. Adriana _____.
2. Alicia _____.
3. Los niños _____.
4. Jaime _____.
5. El abuelo _____.

Nombre: _____   **Fecha:** _____

5-23 La familia del profesor Rivera. Look at the pictures of Professor Rivera and his family and write an expression using **tener** to describe each one.

1. El profesor Rivera _____.

2. La señora Rivera _____.

3. Susanita Rivera _____.

Nombre: _____   Fecha: _____

5-24 ¿Qué hace usted? What do you do when you have certain feelings and emotions? Read the questions below and explain orally what you usually do in each situation.

MODELO: You see: ¿Qué hace usted cuando tiene hambre?

You say: *Cuando tengo hambre, como una hamburguesa.*

1. ¿Qué hace usted cuando tiene sed?
2. ¿Qué hace usted cuando tiene sueño?
3. ¿Qué hace usted cuando tiene frío?
4. ¿Qué hace usted cuando tiene calor?

3. Avoiding repetition in speaking and writing: Direct object nouns and pronouns (Textbook p. 170)

5-25 ¿Qué quieren hacer? Read the following sentences about what Adriana and her friends want to do, and replace the direct object noun with the appropriate pronoun.

MODELO: Adriana quiere preparar el pastel.

Lo quiere preparar.

1. Adriana quiere hacer las camas.

   _____ quiere hacer.

2. Adriana quiere comprar los libros.

   _____ quiere comprar.

3. Alicia quiere sacar una buena nota en la clase de español.

   _____ quiere sacar.

4. Jaime quiere preparar la cena.

   _____ quiere preparar.

5. Yo quiero tomar café con leche.

   _____ quiero tomar.

6. Adriana y Alicia quieren limpiar el apartamento.

   _____ quieren limpiar.

7. Jaime quiere regar las plantas.

   _____ quiere regar.

Nombre: _____ Fecha: _____

5-26 La primera fiesta. Adriana and Alicia are planning a housewarming party in their new apartment and they are talking about what needs to be done. Read the statements and questions below. Then listen to the responses and match each response with the statement that correctly precedes it.

_____ 1. Primero, el apartamento está sucio.

_____ 2. Además la cocina está muy desordenada.

_____ 3. ¿Y para tomar? Tenemos que comprar unos refrescos...

_____ 4. Muy bien... y ¿por qué no ponemos unas flores en la sala?

_____ 5. Otra cosa importante: tenemos que llamar a nuestros amigos.

5-27 Preparando la fiesta. Adriana is talking about what still needs to be done for the housewarming party, but in her haste she fails to complete her sentences. Listen to her and identify the direct object of each sentence, based on the pronoun used.

1. a. el pan   b. la ensalada   c. los refrescos   d. las flores
2. a. el baño   b. la cocina   c. los cuartos   d. las mesas
3. a. el coche   b. la fruta   c. los platos   d. las sábanas
4. a. a Luis   b. a Linda   c. a Lisa y Oscar   d. a Mirta y Ana
5. a. el teléfono   b. la mesa   c. los discos   d. las sillas

5-28 La perfecta anfitriona (*hostess*). The guests have finally arrived. Listen to their questions and select the appropriate answer.

1. a. Claro que puedes tomarlo.
   b. Claro que puedes tomarla.
   c. Claro que puedes tomarlos.
   d. Claro que puedes tomarlas.

2. a. Sí, pueden usarlo.
   b. Sí, pueden usarla.
   c. Sí, pueden usarlos.
   d. Sí, pueden usarlas.

3. a. Lo tenemos en la cocina.
   b. La tenemos en la cocina.
   c. Los tenemos en la cocina.
   d. Las tenemos en la cocina.

4. a. Sí, están junto a la puerta; ¿lo ves?
   b. Sí, están junto a la puerta; ¿la ves?
   c. Sí, están junto a la puerta; ¿los ves?
   d. Sí, están junto a la puerta; ¿las ves?

5. a. Lo está tocando Tomás.
   b. La está tocando Tomás.
   c. Los está tocando Tomás.
   d. Las está tocando Tomás.

Nombre: _____ Fecha: _____

5-29 Al día siguiente. The party turned out great and everyone had fun! Now it is time to clean up, so you have offered to help. Answer Adriana's and Alicia's questions affirmatively, and give your responses orally. Be sure to use the correct pronouns in your answers.

MODELO: You hear: ¿Vamos a limpiar el apartamento?

You say: *Sí, lo vamos a limpiar.*

1. ...
2. ...
3. ...
4. ...
5. ...
6. ...
7. ...

5-30 Las opiniones de Adriana. Read the following paragraph, in which Adriana explains how she feels about several people. Write down her attitude toward each person or persons.

Hay muchas personas importantes en mi vida. Quiero mucho a mis padres; son personas muy especiales. También aprecio mucho a mis abuelos. Ellos siempre vienen de visita durante las vacaciones. Además, tengo una buena relación con mi hermana, Amanda. Mi hermana y yo tenemos intereses similares, así que la comprendo muy bien a ella. Mis amigas son maravillosas. Finalmente, me gustan mis clases y respeto mucho a mis profesores.

MODELO: su padre: *A su padre lo quiere mucho.*

1. su madre: _____
2. sus abuelos: _____
3. su hermana: _____
4. sus profesores: _____

Nombre: _____   Fecha: _____

5-31 La familia de Alicia. Now read the following paragraph about Alicia's family and locate the five direct object pronouns. Then write the person or persons to whom the direct object pronoun refers.

Mi familia es muy interesante. Mi madre trabaja en un banco y después va a casa para limpiar. La[1] respeto y admiro mucho porque trabaja muy duro (*hard*). Además, es muy cariñosa. Mi padre también es muy cariñoso. Mi hermano y yo siempre reñimos (*fight*), pero lo[2] quiero mucho. Tengo dos hermanas gemelas; tenemos una buena relación y las[3] quiero mucho. Mis abuelos viven lejos, pero los[4] visito una vez al año durante las vacaciones. Mi tía Margarita es soltera, y aunque tiene 40 años, vive con mis abuelos. Mi tía quiere mucho a mi abuela y siempre la[5] ayuda con las tareas domésticas.

1. _____
2. _____
3. _____
4. _____
5. _____

4. Pointing out and identifying people and things: Demonstrative adjectives and pronouns (Textbook p. 175)

5-32 ¿Dónde quiere los muebles? You are spending two weeks at the home of Alicia's family and her mother has bought a few new things for her home. Complete her mother's conversation with the delivery man with the correct demonstrative adjectives.

EMPLEADO: ¿Dónde quiere (1) _____ espejo que tengo aquí?

SRA. RUIZ: En (2) _____ dormitorio de allá.

EMPLEADO: Y ¿dónde pongo (3) _____ lámparas que están ahí?

SRA. RUIZ: La lámpara blanca va aquí, y las otras dos en (4) _____ habitación pequeña de ahí.

EMPLEADO: ¿Y (5) _____ cuadros que están aquí?

SRA. RUIZ: (6) _____ cuadro de ahí va detrás del sofá.

EMPLEADO: ¿Y (7) _____ otro que tengo en mis manos?

SRA. RUIZ: (8) _____ otro va en el comedor.

Nombre: _____   **Fecha:** _____

5-33 ¿Qué es esto? You were not able to do a lot of shopping on your trip, so when you return you visit a local Nicaraguan store. You are not familiar with all of the items, so you ask some questions. Complete the following conversation with the salesman using **esto, eso,** or **aquello.**

USTED: ¿Qué es (1) _____ que está ahí al lado suyo (*your side*)?

VENDEDOR: ¿(2) _____ ? Es un molinillo (*little grinder*). Lo usamos para moler (*grind*) el chocolate o el "tiste", una bebida de maíz y cacao.

USTED: ¿Y (3) _____ que está allá? ¿Qué es?

VENDEDOR: Es un "guacal". Es una calabaza seca (*dry gourd*), y la usamos para servir la comida. Y también usamos unos pequeños para servir bebidas.

USTED: ¿Y (4) _____ que está aquí?

VENDEDOR: (5) _____ es una "maraca", un instrumento musical. Usamos dos, una en cada mano, y con ellas seguimos el ritmo de la música.

5-34 De compras. Now that you have some Nicaraguan items, you realize that you need a few more things. Complete the questions you are going to ask the store attendant with the correct demonstrative adjectives.

1. Ves un reloj en la pared (*wall*). El dependiente está un poco lejos, pero te acercas (*get near to*) dónde está él y le preguntas: ¿Cuánto cuesta _____ reloj?

2. El dependiente tiene una guitarra en la mano. Tú le preguntas: ¿Cuánto cuesta _____ guitarra?

3. Tu amiga te muestra (*shows*) unos discos compactos que te gustan mucho, y le preguntas al dependiente: ¿Cuánto cuestan _____ discos compactos?

4. También ves unas películas al otro lado de la tienda. Se las señalas (*You point them out*) al dependiente, que está a tu lado, y preguntas: ¿Cuánto cuestan _____ películas de ahí?

5. Tu amiga tiene un mapa en la mano, y tú lo necesitas para la clase de geografía. Le preguntas al dependiente: ¿Cuánto cuesta _____ mapa?

Nombre: _____   Fecha: _____

5-35 Más cosas para el apartamento. You now have some furniture, but you are still looking for a few items for the new apartment. Adriana and Alicia offer some suggestions; unfortunately, you do not have the same taste. Listen to their suggestions and choose an appropriate response.

1. Sí, pero yo prefiero _____.
   - a. este
   - b. esta
   - c. estos
   - d. estas

2. Sí, pero a mí me gusta _____.
   - a. ese
   - b. esa
   - c. esos
   - d. esas

3. Sí pero _____ son mejores (*better*).
   - a. aquel
   - b. aquella
   - c. aquellos
   - d. aquellas

4. Sí, pero quiero _____.
   - a. este
   - b. esta
   - c. estos
   - d. estas

5. Sí, pero _____ son mejores.
   - a. este
   - b. esta
   - c. estos
   - d. estas

Nombre: _____   **Fecha:** _____

MOSAICOS

A escuchar

Antes de escuchar

5-36 Nuevos vecinos. Your new neighbors seem to be busy cleaning their house. Before you listen, create a mental image of all the rooms in the house and the things that might need to be cleaned. Now, make one list of rooms and another list of the chores that your neighbors might be doing.

CUARTOS	TAREAS DOMÉSTICAS
_____	_____
_____	_____
_____	_____
_____	_____
_____	_____

Escuchar

5-37 Una reunión familiar. Listen to the following passage once for the general idea: why are the neighbors cleaning? Then listen again, paying more attention to the details of what each person is doing. Finally, indicate whether each statement is **Cierto** or **Falso**.

1. Los abuelos van a llegar esta tarde.   Cierto   Falso
2. Los tíos están ayudando a la familia.   Cierto   Falso
3. El padre está bañando al perro.   Cierto   Falso
4. La mamá y su hija están poniendo la mesa.   Cierto   Falso
5. Toda la familia está muy contenta por la visita de los abuelos.   Cierto   Falso

Después de escuchar

5-38 ¿Qué más tienen que hacer? Did your new neighbors forget to do anything? Check over the list you made in activity 5-36 and compare that list with the information in activity 5-37. Write down any other chores you thought of that your neighbors need to do before their family members arrive.

_____
_____
_____
_____

Nombre: _____   Fecha: _____

A conversar

5-39   Ahora usted. You become acquainted with some new friends of Adriana's. Tell them about where you live: whether it is a house or an apartment, the different rooms it has, the furniture and other items in it, and the household chores that you do. Do you like your current home? Why or why not?

A leer

Antes de leer

5-40   El artículo. Look at the title of the following article. Before you read the article, review the following list of activities. If the activity listed is a household chore, select **Sí**; if it is not, select **No**.

1. ganar dinero   Sí   No
2. trabajar fuera de casa Sí   No
3. limpiar   Sí   No
4. barrer   Sí   No
5. planchar la ropa   Sí   No
6. quedarse en casa   Sí   No
7. casarse   Sí   No
8. cocinar   Sí   No

Leer

5-41   ¿Quién es el responsable? Read the following article and then indicate whether the statements that follow are **Cierto** or **Falso**.

¿Quién es el responsable de las tareas domésticas?

Las amas de casa (*homemakers*) realizan cada día una labor de trabajo inmensa, pero no reciben un salario por su trabajo. En muchos casos el trabajo de estas mujeres pasa desapercibido (*unnoticed*), y ellas no reciben ni el agradecimiento (*gratitude*) de sus familias.

Aunque (*Although*) es cierto que en los últimos (*last*) años hay un aumento de mujeres en las diferentes áreas del mundo laboral —la industria, el comercio, e incluso (*even*) en la política— y como es natural reciben un salario por su trabajo, muchas mujeres todavía se dedican a los quehaceres del hogar como limpiar la casa, lavar, planchar la ropa, coser (*sew*), y cuidar a los hijos.

El gran problema para las mujeres que trabajan en casa persiste; no reciben ni salario ni recompensa (*compensation*) por las interminables horas de dedicación al hogar, y en muchas familias el hombre no participa en las tareas domésticas. Un estudio reciente revela que cuando una mujer se casa, el tiempo que pasa en las tareas domésticas aumenta (*goes up*) siete horas. Al contrario, cuando se casa un hombre, el tiempo que pasa en las tareas domésticas disminuye (*goes down*) una hora. Esta práctica es totalmente injusta; o las mujeres deben recibir un salario por su trabajo en la casa o deben recibir la ayuda del esposo. Por eso, antes del matrimonio, los esposos deben ponerse de acuerdo en las responsabilidades domésticas de cada uno.

Todos en el hogar deben ser responsables de las tareas domésticas. Así la vida es más fácil y justa.

Nombre: _____   Fecha: _____

1. Las mujeres reciben un salario por su trabajo en casa.   Cierto   Falso
2. Muchos hombres trabajan para ganar dinero para sustentar *(support)* a la familia.   Cierto   Falso
3. La mujer trabaja más en casa que el hombre.   Cierto   Falso
4. Cuando un hombre se casa, el tiempo que pasa en las tareas domésticas aumenta.   Cierto   Falso
5. Las tareas domésticas deben ser la obligación de todos.   Cierto   Falso

Después de leer

5-42 ¿Qué opina usted? Consider your opinions on the division of labor in the home. Do you believe stay-at-home wives and mothers should receive compensation for their work? Should men and children also participate in household chores? Write a paragraph in Spanish explaining your ideas.

_____
_____
_____
_____
_____
_____

A escribir

Antes de escribir

5-43 Preparación. Think of your own household. Who takes care of the following chores? Write your answers on the lines below, using the choices in the word bank.

Mamá   Papá   un/a hermano/a   otra persona   usted

1. cocinar _____
2. comprar la comida _____
3. limpiar la casa _____
4. lavar la ropa _____
5. planchar la ropa _____
6. hacer las camas _____
7. poner la mesa _____
8. lavar los platos _____
9. sacar la basura _____
10. cortar el césped _____

Nombre: _____ Fecha: _____

Escribir

5-44 Su experiencia. The author of the article in activity **5-41** has her own blog, where people are discussing their personal situations with regard to household chores. Write a post and tell her about your own family experience. Remember to mention the following information:

- how the work is divided in your home
- which chores are done in your house, and how often
- how your home compares to that of the families described in the article

_____
_____
_____
_____
_____
_____
_____
_____

Después de escribir

5-45 Revisión. Ask your instructor or one of your classmates to read your blog post in activity **5-44** and give you comments. Then read what you have written and check carefully for correct tone, vocabulary and spelling. Make sure you have included direct object pronouns, when possible, to avoid repetition. Finally, rewrite it with the corrections you have made.

_____
_____
_____
_____
_____
_____
_____

ENFOQUE CULTURAL

5-46 Lectura y comprensión. Reread the *Enfoque cultural* section on pages 184–185 of your textbook and then indicate whether each statement is **Cierto** or **Falso**.

1. Una característica de Centroamérica es la gran cantidad de volcanes.
   Cierto   Falso

2. Los volcanes de Centroamérica ya no están activos.
   Cierto   Falso

3. El Volcán de Cerro Negro es el más viejo de la región.
   Cierto   Falso

4. Los científicos se preocupan cuando la actividad normal de los volcanes aumenta.
   Cierto   Falso

5. La capital de Nicaragua es San Cristóbal.
   Cierto   Falso

6. Los terremotos son frecuentes en Centroamérica.
   Cierto   Falso

7. En 2001, murieron más de mil personas a causa de los terremotos.
   Cierto   Falso

8. En Centroamérica, las playas y las selvas son espectaculares.
   Cierto   Falso

9. En Honduras hay muchas montañas, pero no hay selvas.
   Cierto   Falso

10. Hay muchas especies diferentes de plantas y animales en Honduras.
    Cierto   Falso

Nombre: _____   Fecha: _____

5-47 Buscando casa. Visit the *Mosaicos* webpage to look at classified ads in each of the countries studied in this chapter. Write down the information for your favorite house or apartment in each one of the countries in the spaces provided below.

1. país: Nicaragua

    barrio y/o dirección: _____

    descripción de apartamento o casa: _____

    tamaño (opcional): _____

    precio (en córdobas o en dólares): _____

    contacto (número de teléfono o correo electrónico): _____

2. país: El Salvador

    barrio y/o dirección: _____

    descripción de apartamento o casa: _____

    tamaño (opcional): _____

    precio (en colones o en dólares): _____

    contacto (número de teléfono o correo electrónico): _____

3. país: Honduras

    barrio y/o dirección: _____

    descripción del apartamento o casa: _____

    tamaño (opcional): _____

    precio (en lempiras o en dólares): _____

    contacto (número de teléfono o correo electrónico): _____

Nombre: _____   Fecha: _____

REPASO

5-48 El apartamento de Adriana y Alicia. Adriana and Alicia have rented an apartment together for the school year. Unfortunately, the apartment is not equipped with furniture or appliances. Help the girls make a list by indicating some of the things they need to buy for the house.

aparatos eléctricos para la cocina:

_____

_____

_____

muebles para la sala:

_____

_____

muebles y accesorios para los dormitorios:

_____

_____

_____

muebles para el comedor:

_____

_____

Nombre: _____   Fecha: _____

5-49 Ordenando la casa. Adriana has just sent you an instant message asking you to go out to lunch. Unfortunately, your house and your yard are a mess and your parents are coming to visit. You are very busy cleaning and getting ready. Write Adriana a brief e-mail response, and be sure to include the following information:

- a response to her invitation
- an explanation for the mess in your house and yard
- the chores you are doing (present progressive) to get everything ready

5-50 La fiesta de cumpleaños. Adriana is talking with Jaime on the phone about a surprise birthday party she is throwing for Alicia. Look at the pictures below and then listen to their conversation. Choose **Si** if the information represented in the image is mentioned in the conversation and **No** if it is not mentioned.

1. Si   No

2. Si   No

Nombre: _____   Fecha: _____

3. Si   No

4. Si   No

5-51 Una casa nueva. Jaime and his roommate Mateo have also rented a house for the school year. Read the description of their house and the statements that follow. Finally, indicate whether each statement is **Cierto, Falso** or **No dice** (not mentioned in the passage).

La casa de Mateo y Jaime es bastante grande; tiene dos dormitorios y dos baños completos. Ellos están contentos porque cada uno va a tener su propio baño. Además, Mateo está feliz porque la casa tiene una cocina muy moderna. Eso es muy importante porque él cocina todos los días. En la cocina hay un microondas y una estufa con un horno eléctrico. Jaime está contento porque normalmente limpia la cocina después de comer, y hay un lavaplatos nuevo. Todos los cuartos de la casa son grandes. También hay un jardín donde el perro que tienen los chicos puede pasar el día. La casa no está lejos de la universidad; los compañeros de cuarto pueden caminar a clase en 20 minutos o tomar el autobús que pasa por su casa cada media hora.

1. Mateo y Jaime son compañeros de cuarto.	Cierto	Falso	No dice
2. La casa que tienen no es muy grande, pero hay dos dormitorios y dos baños.	Cierto	Falso	No dice
3. Jaime y Mateo estudian en la cocina.	Cierto	Falso	No dice
4. Jaime prefiere cocinar, y también lava los platos.	Cierto	Falso	No dice
5. Hay un jardín para el perro.	Cierto	Falso	No dice
6. Hay una piscina en el jardín.	Cierto	Falso	No dice
7. Los chicos pueden tomar el autobús a clase.	Cierto	Falso	No dice

CAPÍTULO 6

De compras

A PRIMERA VISTA

6-1 De compras. You are at the shopping mall with your new Venezuelan friend, Diana. She spots some other friends of hers and tells you what they are wearing so that you can identify them. Listen to her and write the name of the person who is wearing each item (**Alejandra, Jorge,** or **Ricardo**). For the three items listed that are not being worn by anyone, write **nadie**.

1. camisa _____
2. suéter _____
3. camiseta _____
4. blusa _____
5. vaqueros _____
6. falda _____
7. pantalones _____
8. zapatos _____
9. zapatos de tenis _____
10. botas _____
11. sandalias _____
12. corbata _____
13. bolsa _____

Nombre: _____ Fecha: _____

6-2 ¿Qué compran? You and Diana say hello to her friends. They still have not bought anything, but they tell you what they are going to buy. Listen to them and indicate each person's purchases, which are illustrated below.

(a)   (b)   (c)   (d)   (e)

1. Alejandra

_____
_____

    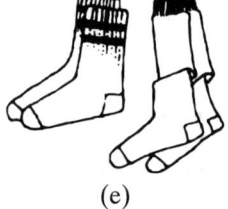

(a)   (b)   (c)   (d)   (e)

2. Jorge

_____
_____

    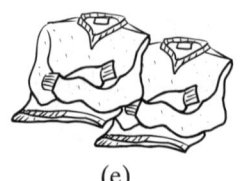

(a)   (b)   (c)   (d)   (e)

3. Ricardo

_____
_____

Mosaicos Student Activities Manual

Nombre: _____   Fecha: _____

6-3 ¿Qué me pongo? Indicate the item that would match best if you were wearing each of the following items.

1. abrigo _____
2. camisa _____
3. falda _____
4. sudadera _____
5. impermeable _____

a. zapatos de tenis
b. medias
c. paraguas
d. corbata
e. bufanda

6-4 La moda. Read the following statements about clothing and fashion, and then indicate whether each is **lógico** or **ilógico**.

1. Para ir a la playa se necesita una corbata.   lógico   ilógico
2. El arete es un accesorio que se pone en el dedo.   lógico   ilógico
3. Es una buena idea llevar zapatos de tacón (*with heels*) para correr.   lógico   ilógico
4. Algunos hombres guardan (*keep*) su dinero en la billetera.   lógico   ilógico
5. Cuando llueve es una buena idea llevar un impermeable.   lógico   ilógico
6. El camisón se usa principalmente para dormir.   lógico   ilógico
7. Normalmente las chicas llevan calzoncillos debajo de los vestidos.   lógico   ilógico
8. El algodón es un tipo de tela.   lógico   ilógico

6-5 Vamos a comprar. It is Diana's first winter in the United States and she is going to the Northeast, so you advise her to buy warm clothing. Think of some items she might need; then listen to her questions and write the name of the appropriate item, following the model below.

MODELO: You hear: ¿Qué es mejor comprar: las sandalias o las botas?
         You write: Tienes que comprar *las botas*.

1. Tienes que comprar _____.
2. Tienes que comprar _____.
3. Tienes que comprar _____.
4. Tienes que comprar _____.
5. Tienes que comprar _____.

Nombre: _____ Fecha: _____

6-6 Un cambio. While Diana is paying for her purchase, you hear a conversation between a customer and the sales associate. First, listen to their conversation to get the gist. Then, complete the statements below with the information that you hear.

1. El problema de la señora es que la blusa le queda _____.
2. La señora quiere una blusa más _____.
3. La señora necesita la talla _____.
4. Las blusas que le muestra la vendedora están _____.
5. La señora va a probarse una blusa y una _____.

6-7 ¿Quién es? Read the following descriptions and indicate the person who is most likely being described.

1. Esta chica lleva un traje azul, de falda y saco. Lleva una blusa de seda de color blanco con rayas azules. También lleva pantimedias y zapatos de tacón (*heels*).
   a. una chica que va a la playa
   b. una estudiante que va a clase
   c. la presidenta de una compañía en una reunión (*meeting*)

2. Esta chica lleva unos pantalones cortos y una sudadera. También lleva una camiseta blanca y unos zapatos de tenis.
   a. una chica que va al gimnasio
   b. una secretaria en la oficina
   c. una estudiante en una fiesta

3. Este chico lleva una bata y un pijama. También lleva unas zapatillas de casa.
   a. un chico que va a la universidad
   b. el presidente de una compañía en su oficina
   c. un chico que está mirando la televisión en casa

4. Esta chica lleva un traje de baño de rayas. También lleva unas sandalias y unas gafas de sol.
   a. una chica que va a una fiesta el sábado por la noche
   b. una ejecutiva que está trabajando en su oficina
   c. una chica que está en una playa venezolana

5. Esta persona lleva un traje pantalón de rayas, con una camisa de color entero. Lleva corbata y zapatos.
   a. un abogado (*lawyer*) que está en la corte
   b. un médico (*physician*) en la sala de operaciones
   c. un estudiante en la clase de español

6. Esta persona lleva unos vaqueros y un suéter. Lleva un abrigo acolchado (*padded*) y unas botas gruesas que no son de cuero. También lleva una gorra.
   a. una persona que va a esquiar (*ski*)
   b. una estudiante que va a su graduación
   c. una modelo en un viaje (*trip*) de negocios (*business*)

Nombre: _____   Fecha: _____

6-8 De compras en Caracas. You are on vacation in Caracas, and you are going shopping with your friends. Indicate what you would tell the salesperson in each situation.

1. You are trying on a pair of jeans, but they are too big.
   a. Me quedan bien.
   b. Necesito una talla más pequeña.
   c. Me quedan estrechos.

2. You bought a blouse in one of the stores in the mall a couple of hours ago. You have decided that you do not like the fabric, so you go back to the store to exchange the blouse.
   a. Me queda grande.
   b. Quisiera cambiarla.
   c. Me gusta mucho el color.

3. You are in a very classy clothing store, and you would like to try on a suit.
   a. Quisiera cambiar este traje.
   b. Quisiera probarme este traje.
   c. Quisiera comprar este traje.

4. You want to know if the pants you like are on sale.
   a. ¿Los pantalones están vendidos?
   b. ¿Los pantalones están rebajados?
   c. ¿De qué talla son los pantalones?

5. You will pay in cash.
   a. Voy a pagar con un cheque.
   b. Voy a usar una tarjeta de crédito.
   c. Voy a pagar en efectivo.

6-9 ¡Me gustaría una bolsa de cuero! Your birthday is coming, and your family asks for a wish list. You call your parents (or another person who may buy you a birthday gift) and tell them about the shoes and accessories on your list. Be sure to describe the items orally in detail, so they buy exactly the right gift!

6-10 El cumpleaños de Diana. Diana's birthday is also approaching. Unscramble the words below to see the clothes and accessories on her birthday list.

1. lalino   _____
2. crallo   _____
3. rogiba   _____
4. daredusa   _____
5. sarvoque   _____
6. tabos   _____

Nombre: _____ Fecha: _____

EN ACCIÓN

6-11 Antes de ver. In this video segment, Gabi and Luciana are helping Javier find something appropriate to wear on his date with Carmen. Look at the photo and the list below and select the three most appropriate items for Javier to wear on a date.

aretes	cinturón	pantalones
blusa	falda	sandalias
camisa	joyas	vestido

6-12 Mientras ve. As you watch the video segment, fill in the missing information to complete the sentences.

1. Luciana piensa que la _____ es muy formal.
2. Gabi dice que la _____ le queda perfecta con la falda.
3. Luciana y Gabi se están probando _____ para su musical.
4. Javier lleva _____ y una camisa.
5. Javier dice que compró la camisa ayer y que fue una _____.
6. Luciana dice que la camisa no está de _____.
7. Marcos lleva la misma _____ azul que Javier.

6-13 Después de ver. Do you remember the last time you wore something special for an event or for a date? Write a brief paragraph and explain where you went, what you wore, and, if you remember, where you bought the clothes.

_____
_____
_____
_____
_____

Nombre: _____   Fecha: _____

FUNCIONES Y FORMAS

1. Talking about the past: Preterit tense of regular verbs (Textbook p. 198)

6-14 ¿Cuándo? Read what Diana tells you about her and her family's activities, and indicate whether each activity takes place in the present (**hoy**) or in the past (**la semana pasada**).

1. Miraron las noticias en la televisión.   hoy   la semana pasada
2. Viajo a Caracas de vacaciones con mis amigos.   hoy   la semana pasada
3. Llamé a mis amigos por teléfono.   hoy   la semana pasada
4. Nada en el mar.   hoy   la semana pasada
5. Tomó un café con una amiga.   hoy   la semana pasada
6. Comieron pasta en el restaurante.   hoy   la semana pasada
7. Asistí a la clase de antropología.   hoy   la semana pasada

6-15 ¿Quién habla? Diana and her friends had a great time over last spring break. Read the sentences that describe what they did, and then indicate which person or people each sentence refers to.

a. Diana (**yo**)
b. Jorge
c. Alejandra, Jorge y Diana (**nosotros**)
d. Alejandra y Jorge

1. Bailaron en una fiesta. _____
2. Habló mucho por teléfono con su madre. _____
3. Miré la televisión por la tarde. _____
4. Almorzaron a las dos y media de la tarde. _____
5. Bailamos en una discoteca hasta las cinco de la mañana. _____
6. Comí en un restaurante mexicano. _____
7. Bebimos margaritas en la playa. _____

Nombre: _____   Fecha: _____

6-16 ¿Qué hicieron usted y sus amigos? Diana would like to know what you and your friends did last weekend. Write the correct preterit form of the appropriate verb from the word bank. One of the verbs will be used twice.

> asistir   estudiar   mirar   tomar
> comer   hablar   practicar

el viernes:

1. Yo _____ en la cafetería y _____ por teléfono con mi hermano.
2. Mis amigos _____ el fútbol y _____ en un restaurante.

el sábado:

3. Yo _____ televisión y _____ en la biblioteca.
4. Mis amigos _____ a una conferencia y _____ un café juntos.

6-17 El fin de semana. It is Monday again, and Jorge and Diana are talking about their weekends. Listen to their conversation and indicate whether it was **Jorge, Diana,** or **los dos** (both) who did the following things.

1. levantarse temprano	Jorge	Diana	los dos
2. desayunar en un café	Jorge	Diana	los dos
3. mirar la televisión	Jorge	Diana	los dos
4. comer con sus padres	Jorge	Diana	los dos
5. hablar con una amiga	Jorge	Diana	los dos
6. dormir una siesta	Jorge	Diana	los dos
7. estudiar español	Jorge	Diana	los dos
8. salir con los amigos	Jorge	Diana	los dos

Nombre: _____   Fecha: _____

6-18 ¿Quién? Now Jorge is talking about what other people did. Listen to him and pay close attention to the verb forms. Finally, indicate to whom he is referring.

a. Jorge (**yo**)

b. tú

c. Alejandra

d. Alejandra y Jorge (**nosotros**)

e. Alejandra y Ricardo

1. _____
2. _____
3. _____
4. _____
5. _____
6. _____
7. _____
8. _____

6-19 ¿Y ustedes? Now Jorge wants to know everything you and your friends did. Tell him all about your weekend, giving your response orally. Remember to narrate past events using the correct preterit verb form.

6-20 Entrevista con el detective. While you and Diana were at the mall the other day, a valuable necklace was stolen from a jewelry store. You report it, and a detective asks you what happened. Answer his questions using the cues below, and be sure to use the correct preterit form of the verb.

MODELO: You hear: ¿A qué hora llegó usted al centro comercial?
          You see: (una y media)
          You write: *Llegué a la una y media.*

1. (a las dos) _____
2. (los dependientes) _____
3. (los collares) _____
4. (rápidamente) _____
5. (a la policía) _____

Nombre: _____   Fecha: _____

2. Talking about the past: Preterit of *ir* and *ser* (Textbook p. 201)

6-21 Unas vacaciones en Venezuela. William, a friend of Diana's, went on vacation to Venezuela recently. William thinks he learned a lot of Spanish there, and he is trying to tell you all about his vacation in Spanish. Help him complete his story by filling in the blanks with the correct preterit form of **ser** or **ir**.

¡Hola, amigos! El año pasado mis vacaciones (1) _____ perfectas. Mis amigos y yo (2) _____ a Venezuela para visitar Caracas, el Parque Nacional Canaima y la Isla Margarita. Primero nosotros (3) _____ a Caracas y visitamos la casa donde nació Simón Bolívar. La visita (4) _____ muy interesante. Mario Infante, uno de los miembros del grupo, es venezolano y (5) _____ nuestro guía (*guide*). Nosotros (6) _____ al Parque Nacional Canaima y nos gustó mucho, pero el momento espectacular de la excursión (7) _____ cuando vimos el Salto Ángel, las cataratas (*waterfalls*) más altas (*highest*) del mundo. Finalmente, nosotros (8) _____ a la Isla Margarita. Por el día nadamos y tomamos el sol en la playa, y por la noche (9) _____ a las discotecas y bailamos. Conocimos a muchos venezolanos también. (10) ¡_____ las mejores vacaciones de mi vida!

6-22 ¿Ser o ir? Now look at all the verb forms you used in **6-21**, and write **ser** if they correspond to the verb **ser**, or **ir** if they correspond to the verb **ir**.

1. _____   5. _____   9. _____
2. _____   6. _____   10. _____
3. _____   7. _____
4. _____   8. _____

6-23 Sus vacaciones. You can still help William improve his Spanish. Answer his questions below, in Spanish, about your last vacation.

1. ¿A dónde fue usted de vacaciones el año pasado?
   _____

2. ¿Cómo fueron sus vacaciones?
   _____

3. ¿Con quién fue de vacaciones?
   _____

4. ¿Qué fue la mejor parte del viaje?
   _____

5. ¿Qué fue la peor parte del viaje?
   _____

Nombre: _____ Fecha: _____

🔊 **6-24 ¿Ser o ir?** As you have learned, the verbs **ir** and **ser** have similar forms in the preterit, so you have to rely on context to assign the right meaning. Listen to each sentence and write **ser** if the verb it contains is a form of **ser**, or **ir** if the verb it contains is a form of **ir**.

1. _____   3. _____   5. _____

2. _____   4. _____   6. _____

6-25 El viaje del abuelo. Grandparents always have interesting stories! Here, William writes about a trip his grandfather took to Venezuela when he was a young man. Complete the following paragraph by filling in the missing preterit forms of the verbs **ir** and **ser**.

El abuelo visitó Venezuela en 1950. Él (1) _____ a Caracas, la capital de Venezuela, para visitar a un amigo y su familia. En Caracas (2) _____ a algunos lugares históricos y otros modernos. El abuelo y su amigo Héctor (3) _____ a una fiesta en un club y después (4) _____ a caminar. El abuelo dice que (5) _____ un viaje extraordinario.

6-26 Un viaje inolvidable. What stories will you tell your grandchildren? Speak orally about one of your most memorable vacations or travel experiences. Where did you go? What did you do while you were there? If you cannot recall a memorable trip, make one up, and feel free to be creative!

3. Indicating to whom or for whom an action takes place: Indirect object nouns and pronouns (Textbook p. 203)

6-27 Regalos para todos. Diana tells you about all the gifts she has given to different members of her family. Fill in the blanks with the correct indirect object pronouns.

El mes pasado muchas personas en mi familia celebraron días especiales y yo (1)_____ compré regalos a todos. A mi madre (2)_____ regalé una blusa de seda para su cumpleaños; a mi padre (3)_____ di una corbata para su cumpleaños. A mis hermanos menores (4)_____ regalé zapatos nuevos para celebrar la graduación. A nuestros abuelos, todos nosotros (5)_____ dimos un viaje para su aniversario.

🔊 **6-28 ¿Y tus regalos?** Diana wants to know what gifts you bought for your friends and family recently. Listen to her questions and write your answers affirmatively, using the cues given.

MODELO: You hear: ¿Compraste un regalo para tu mamá?
　　　　　　　You see: (unos aretes)
　　　　　　　You write: *Sí, le compré unos aretes.*

1. (un paraguas) _____   4. (unas pulseras) _____

2. (unas bufandas) _____   5. (algo interesante) _____

3. (unos zapatos de tenis) _____

Nombre: _____   Fecha: _____

6-29 Su cumpleaños. Think back to your last birthday. A friend wants to know what presents you received. Answer his/her questions, indicating what the following people gave you for your birthday. Use a form of the verb **dar** and follow the model carefully.

MODELO: ¿Qué te regaló tu tío?

　　　　　　Mi tío *me dio un libro*.

1. ¿Qué te regalaron tus padres?

   Mis padres _____.

2. ¿Y tu hermano?

   Mi hermano _____.

3. ¿Y tus abuelos?

   Mis abuelos _____.

4. ¿Y tu novio/a?

   Mi novio/a _____.

6-30 Un programa de televisión. The popular television show *What Not to Wear* is launching a Spanish language version of the show. They are visiting your campus, and you and your friend have been asked to serve as guest fashion advisors. Choose from the following list and decide which clothing you and your friend would give each of these people.

　　vestidos elegantes con zapatos de tacón (*heels*)

　　un traje azul con una corbata roja

　　un traje de baño y unas sandalias

　　unos pantalones de cuero y una camiseta de colores

　　unos pantalones cortos y zapatos de tenis

MODELO: A la presidenta de una compañía *le damos una falda y una blusa con un saco*.

1. A una cantante de rock para un concierto _____.
2. A unos niños para jugar en el parque _____.
3. A unas estudiantes para una fiesta formal _____.
4. A un ejecutivo para una reunión _____.
5. A una estudiante para ir a la playa _____.

Nombre: _____   Fecha: _____

4. Expressing likes and dislikes: *Gustar* and similar verbs (Textbook p. 206)

6-31 Diana y sus amigos. Diana is explaining what she and her friends like to wear. Indicate the most appropriate response in each situation.

1. Yo siempre llevo vaqueros porque los vaqueros...

   a. me gusta mucho.   **b.** te gustan mucho.   **c.** me gustan mucho.

2. Alejandra y Jorge siempre llevan zapatos de tenis porque los zapatos de tenis...

   a. les encantan.   **b.** les encanta.   **c.** le encantan.

3. Jorge y yo llevamos colores fuertes frecuentemente porque _____ los colores fuertes.

   a. nos queda bien   **b.** les queda bien   **c.** nos quedan bien

4. Jorge no quiere corbata porque la corbata...

   a. no les gusta para nada (*at all*).   **c.** no le gusta para nada.

   b. no le gustan para nada.

5. Alejandra nunca lleva faldas porque las faldas...

   a. no le quedan bien.   **b.** no les queda bien.   **c.** no les quedan bien.

6-32 Y usted, ¿qué le gusta? You have read about Diana's and her friends' likes and dislikes with regard to clothing. Now write your likes and dislikes about clothes, using the following expressions.

> encantar   interesar   quedar estrecho/a
>
> gustar   quedar bien

MODELO: A mí *me interesa comprar unos vaqueros nuevos.*

1. A mí _____.
2. A mí _____.
3. A mí _____.
4. A mí _____.

Nombre: _____ Fecha: _____

6-33 Fuimos de compras. Your friends Diana, Alejandra, and Rita went shopping on Friday and are telling you all about it. Choose the correct verb forms to complete the conversation.

DIANA: Me (1) (gustó/gustaron) mucho el centro comercial.

ALEJANDRA: A mí también. Sobre todo nos (2) (gustó/gustaron) los trajes que vimos en el almacén La Moda.

DIANA: Y a Rita le (3) (pareció/parecieron) muy bonitos también.

ALEJANDRA: Sí, pero también le (4) (cayó/cayeron) mal la dependienta.

DIANA: ¡Ay, Ale! Tú sabes cómo es Rita. A ella sólo le (5) (interesa/interesan) las boutiques elegantes con dependientas muy finas.

ALEJANDRA: Bueno, pero le (6) (encantó/encantaron) ir de compras con nosotras. Dice que quiere ir otra vez.

6-34 Las preferencias de Susana. Diana's cousin Susana is telling you about her preferences with regard to academics and leisure activities. Listen once to get the gist; then listen again and select the activities that Susana mentions that she likes.

los estudios

la química

la biología

conversar con los amigos

hablar de la política

mirar la televisión

la música popular

la música clásica

la música rock

bailar

6-35 Las preferencias de usted. Diana would like to know about more of your likes and dislikes. Write about at least two school or leisure activities you like and two that you do not care for.

_____
_____
_____
_____
_____
_____
_____

Nombre: _____ Fecha: _____

5. Describing people, objects and events: More about *ser* and *estar* (Textbook p. 209)

6-36 Diana. Jorge and Diana are good friends. Read Jorge's description of Diana and fill in the blanks with the correct present tense form of **ser** or **estar**.

Diana (1)_____ una buena amiga. Ella (2)_____ de Venezuela. Diana (3)_____ alta y delgada. Como ella (4)_____ una estudiante seria, siempre (5)_____ nerviosa antes de un examen, pero (6)_____ contenta después. Con frecuencia Diana me invita a cenar en su casa, y ¡la comida (7)_____ riquísima!

6-37 Buenos amigos. Diana and Jorge would like to know more about your friends, too. Tell them about two of your closest friends, describing them orally in detail. Remember to mention what they are like, where they are from, and how they feel in certain situations.

6-38 La fiesta de Jorge. Read the following conversation between Diana and Alejandra, and fill in the blanks with the correct present tense form of **ser** or **estar**.

DIANA: ¡Hola, Alejandra! ¿Cuándo (1)_____ la fiesta de Jorge?

ALEJANDRA: La fiesta (2)_____ el sábado a las 8:00.

DIANA: Y, ¿dónde (3)_____ la fiesta?

ALEJANDRA: La fiesta (4)_____ en el restaurante venezolano que (5)_____ al lado de la universidad.

DIANA: ¡Qué bien! ¿Qué ropa vas a llevar?

ALEJANDRA: Bueno, yo (6)_____ muy emocionada (*excited*) porque el restaurante (7)_____ muy elegante, entonces voy a llevar un vestido elegante y zapatos de tacón alto.

DIANA: ¡Fantástico! La fiesta va a (8)_____ divertida.

Nombre: _____ Fecha: _____

MOSAICOS

A escuchar

Antes de escuchar

6-39 De compras. Your friend Alejandra goes to the store to buy some new clothes. What will the sales associate ask or say to her? Before you listen, make a list of the questions or statements you might hear.

_____
_____
_____
_____
_____

Escuchar

6-40 En la tienda. Listen to the conversation between the salesperson and Alejandra, and take notes to remember important details and phrases that you hear.

_____
_____
_____
_____
_____
_____

Después de escuchar

6-41 La conversación. Now, listen again to Alejandra's conversation with the sales associate and write the answers to the questions below.

1. ¿Qué tipo de suéter busca Alejandra? _____.
2. ¿Qué talla necesita? _____.
3. Cuál suéter le queda? _____.
4. ¿Cuánto cuesta? _____.
5. ¿Paga en efectivo o con tarjeta de crédito? _____.

A conversar

6-42 Un regalo para mamá. You and your friends are shopping for Mother's Day gifts. Describe your mother orally in detail for the sales associate at the store, mentioning her likes and dislikes as well as her size and preferences with regard to clothing and accessories. Ask for recommendations on what to purchase and remember to thank the sales associate for his/her help. Finally, offer a price that seems fair for your favorite item.

A leer

Antes de leer

6-43 Ropa y accesorios. You will read an article about fashion and accessories. Before you do, look at the pictures below and write the names of some of the items that may be mentioned in the passage.

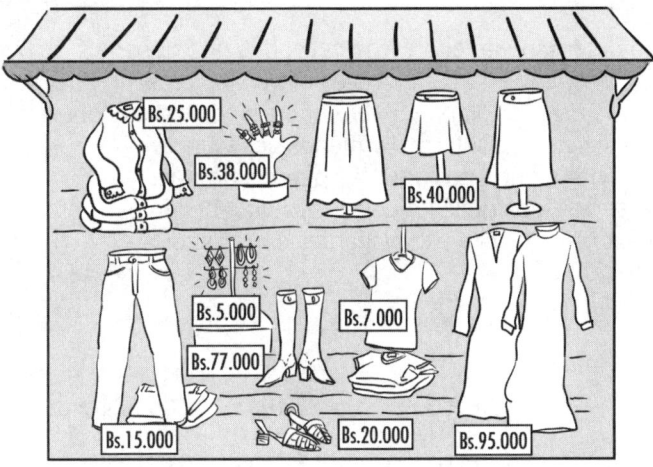 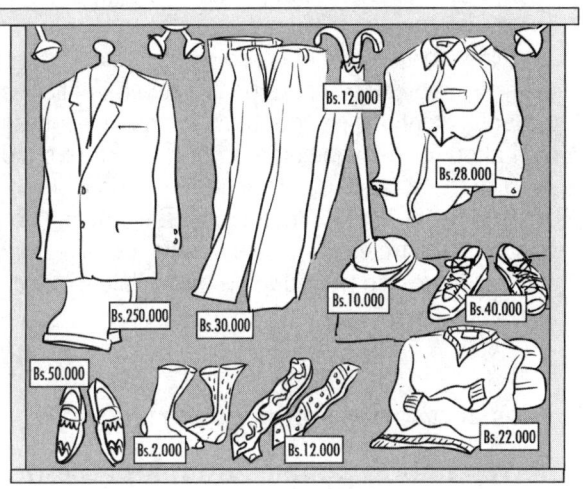

_____ _____

_____ _____

_____ _____

_____ _____

Nombre: _____ Fecha: _____

Leer

6-44 Ocasiones especiales. Read the following article about fashion and accessories, and then select whether each statement is **Cierto, Falso,** or **No dice** (the article does not give the information).

MODA

En general, tienen diversas formas y colores y son de una gran variedad de materiales. Pueden ser exóticos, simples, elegantes. Son definitivamente nuestros amigos inseparables: los accesorios. ¡Un complemento obligatorio para la mujer que desea verse elegante e interesante!

Son ideales para todo tipo de vestuario y pueden transformar a una mujer sencilla en el centro de atención de un evento social. Un vestido sencillo, pero elegante, un par de aretes grandes o pequeños, un collar de hermosas perlas cultivadas o de fantasía fina y una pulsera del mismo estilo pueden causar una impresión inolvidable entre los invitados.

Pero, ¡cuidado! Cada pequeña o gran transformación femenina debe ir acompañada del accesorio adecuado para la ocasión.

No se olvide que el grado de formalidad del evento determina la ropa y los accesorios que debemos usar. Probablemente para una fiesta en la oficina es recomendable hacer cambios menos notorios: llevar un lápiz labial más fuerte, unos aretes diferentes a los que usamos diariamente o unos zapatos de tacones más altos. Una invitación a un picnic, por otro lado, va a exigir ropa informal y menos accesorios.

Para una fiesta de Navidad o de Año Nuevo, sin embargo, debemos abrir las puertas de nuestro armario: es la hora de lucir bolsas elegantes y de ponerse vestidos de lentejuelas (*sequins*) brillantes, pantalones y trajes finos, zapatos de moda y, por supuesto, accesorios extravagantes e irresistibles, acompañados de un toque de maquillaje exótico.

1. Los accesorios son poco variados.	Cierto	Falso	No dice
2. Los hombres también usan los accesorios.	Cierto	Falso	No dice
3. Si una mujer desea ser elegante, debe usar accesorios.	Cierto	Falso	No dice
4. Un collar de perlas puede causar una buena impresión en las personas que lo ven.	Cierto	Falso	No dice
5. En una fiesta de la oficina, conviene llevar muchos accesorios.	Cierto	Falso	No dice
6. Un vestido de lentejuelas es un accesorio.	Cierto	Falso	No dice
7. Según el artículo, las botas pueden ser elegantes.	Cierto	Falso	No dice
8. Para ir a un picnic, una mujer puede ponerse un vestido de lentejuelas.	Cierto	Falso	No dice

Nombre: _____ **Fecha:** _____

Después de leer

6-45 El vestuario apropiado. You have read about accessories and appropriate clothing for different situations. Now read about how Diana, Jorge, and Susana are dressed, and indicate to what event they might be going.

a. fiesta de la oficina   **b.** un picnic   **c.** una fiesta de Navidad

1. Diana lleva un vestido negro, zapatos de tacón alto, aretes de oro con pequeñas perlas y un collar de perlas cultivadas. Está maquillada (*She has on makeup*), y tiene los labios (*lips*) pintados de un color un poco más fuerte. _____

2. Jorge lleva un traje gris oscuro y una corbata verde y rojo. Tiene un reloj pulsera (*wristwatch*) de oro y lleva unos zapatos elegantes. _____

3. Susana lleva un suéter color café claro, unos vaqueros y unas botas de cuero. En una oreja (*ear*) tiene un arete en forma de pequeño sol, y en la otra un arete en forma de pequeña luna. Está ligeramente (*slightly*) maquillada. _____

A escribir

Antes de escribir

6-46 Una fiesta de graduación. As you read in the article, it is very important to wear the appropriate clothes and accessories for each occasion. Think about your high school prom or another important event you attended, and list what you wore that day.

ropa y zapatos:

_____

_____

_____

accesorios:

_____

_____

_____

Nombre: _____ Fecha: _____

Escribir

6-47 Una experiencia inolvidable. Attending the prom was probably a memorable experience. Since a lot of your Facebook friends are from Venezuela and do not attend prom, you decide to prepare a message to post to your Facebook wall telling your friends about your prom. Remember to mention the following information:

- when it happened (in what year and month)
- where it happened
- who was with you
- what you (and your date) were wearing

_____
_____
_____
_____
_____
_____
_____
_____
_____
_____
_____
_____
_____
_____

Nombre: _____   Fecha: _____

Después de escribir

6-48 ¡Fantástico! Your Venezuelan Facebook friends loved the wall post and want to know more about your experience. Answer the following questions from your friends.

1. ¿Qué fue lo que más te gustó de la fiesta? [Lo que más me gustó... = *What I liked the most...*]

   _____

2. ¿Todos los estudiantes en Estados Unidos tienen una fiesta antes de graduarse?

   _____

3. ¿Hay otras celebraciones especiales en las que (*in which*) tienes que ponerte ropa elegante? ¿Cuáles son?

   _____

4. ¿Cuál es tu celebración favorita? ¿Por qué?

   _____

5. ¿Hay otras celebraciones especiales en las que no necesitas ropa elegante? ¿Cuáles son?

   _____

Nombre: _____ Fecha: _____

ENFOQUE CULTURAL

6-49 Simón Bolívar. Reread the *Enfoque cultural* section on pages 218–219 of your textbook, and then select the answer that best completes each sentence below.

1. Simón Bolívar nace en el año...
   - **a.** 1873.
   - **b.** 1783.
   - **c.** 1973.

2. Bolívar nace en
   - **a.** Colombia.
   - **b.** Panamá.
   - **c.** Venezuela.

3. Cuando su madre muere, Simón Bolívar vive con su...
   - **a.** sobrino.
   - **b.** tío.
   - **c.** madre.

4. Bolívar se casa con una mujer...
   - **a.** venezolana.
   - **b.** colombiana.
   - **c.** española.

5. La vida de Bolívar es...
   - **a.** apasionada y triste.
   - **b.** violenta y difícil.
   - **c.** romántica y heroica.

6. Bolívar es el _____ más importante de la América española.
   - **a.** autor
   - **b.** presidente
   - **c.** líder

7. Bolívar consigue la _____ para Venezuela, Colombia, Panamá, Ecuador, Perú y Bolivia.
   - **a.** nacionalizacíon
   - **b.** política
   - **c.** independencia

8. Bolívar es tan importante para los hispanoamericanos como _____ para los estadounidenses.
   - **a.** Lincoln
   - **b.** Washington
   - **c.** Jefferson

Nombre: _____ **Fecha:** _____

6-50 Las compras y el regateo. Visit the *Mosaicos* webpage to view the *Mercado libre – Venezuela* website. Select five different items (clothing, shoes, or accessories) that you would like to purchase. Write the price that is being asked, as well as the price you would request to pay. Finally, write down the time remaining to purchase each item.

1. Artículo_____
   Precio que se pide_____ Precio que sugiere usted_____
   Tiempo restante_____

2. Artículo_____
   Precio que se pide_____ Precio que sugiere usted_____
   Tiempo restante_____

3. Artículo_____
   Precio que se pide_____ Precio que sugiere usted_____
   Tiempo restante_____

4. Artículo_____
   Precio que se pide_____ Precio que sugiere usted_____
   Tiempo restante_____

5. Artículo_____
   Precio que se pide_____ Precio que sugiere usted_____
   Tiempo restante _____

Nombre: _____   Fecha: _____

REPASO

6-51 La ropa y los accesorios. You have three important events coming up in the next few weeks—a job interview, an anniversary celebration for your grandparents, and a beach party with your friends from Spanish class—and you need to buy clothes and accessories for each. Make a shopping list and write down the items you will need.

La entrevista de trabajo

ropa: _____

_____

_____

zapatos: _____

accesorios: _____

_____

La celebración de aniversario

ropa: _____

_____

_____

zapatos: _____

accesorios: _____

_____

La fiesta en la playa

ropa: _____

_____

_____

zapatos: _____

accesorios: _____

_____

Nombre: _____ Fecha: _____

6-52 El centro comercial. Think about the last time you purchased clothing or accessories at a shopping center. Narrate your experience, telling where you went and with whom, what items you tried on and finally bought, and which store you liked best.

_____
_____
_____
_____
_____
_____
_____
_____
_____
_____

6-53 De compras por televisión. Diana and Jorge are watching a home shopping channel on television. Read the sentences below; then listen to the text and select whether each statement is **Cierto, Falso,** or **No dice.**

1. El collar es de perlas.
   Cierto   Falso   No dice

2. Una mujer puede llevar el collar al trabajo para verse muy elegante.
   Cierto   Falso   No dice

3. El collar cuesta $300.
   Cierto   Falso   No dice

4. Venden una billetera de plástico para hombres.
   Cierto   Falso   No dice

5. Venden zapatos también.
   Cierto   Falso   No dice

6. Si usted quiere comprar uno de estos productos, debe llamar al 25-42-88.
   Cierto   Falso   No dice

7. Usted puede regatear.
   Cierto   Falso   No dice

Nombre: _____   Fecha: _____

6-54 El origen de la guayabera. Read the following text about the origin of the *guayabera* (the typical shirt worn in the Caribbean), and then choose the answer that best completes each of the sentences below.

La guayabera constituye una parte integral del vestuario (*clothing*) masculino en los climas cálidos. Pero, ¿dónde y cómo surgió esta prenda (*item*) de vestir? Hay varias respuestas a esta pregunta, pero una de ellas asegura que la guayabera nació hace muchos años en Sancti Spiritus, una pequeña ciudad de la isla de Cuba.

Es un hecho (*fact*) histórico que la ropa que llevaban los españoles que conquistaron América no era (*was*) apropiada para las tierras calientes y húmedas del Caribe. A medida que (*As*) el tiempo pasaba, los hombres que vivían en las ciudades pequeñas o en el campo (*countryside*) empezaron a pedir telas más frescas, especialmente lino de Irlanda.

Según (*According to*) la tradición, José González, un ganadero (*cattle rancher*) de Sancti Spiritus, recibió una tela que sus familiares le mandaron (*sent*) de regalo de Sevilla. Como el calor era muy fuerte, enseguida habló con su esposa Encarnación sobre la confección (*making*) de un tipo de camisa con las siguientes características:

- debe usarse por fuera de los pantalones y no por dentro
- debe tener cuatro bolsillos (*pockets*), dos arriba y dos abajo
- los bolsillos de abajo deben ser más grandes que los de arriba para poder llevar el tabaco y lo necesario para encenderlo
- los bolsillos deben tener botones para no perder nada
- las mangas (*sleeves*) deben ser largas por el sol y los insectos

Dos días después, Encarnación terminó la camisa y José se la puso. Cuando José salió de casa, fue la admiración del pueblo (*town*). Por primera vez, los hombres tenían una camisa práctica y fresca, y enseguida otros vecinos del lugar empezaron a imitar a José.

1. Según el artículo, la guayabera tiene su origen en _____.
   - a. Sevilla
   - b. Irlanda
   - c. Sancti Spiritus

2. La ropa de los españoles que llegaron a América se caracterizaba por _____.
   - a. ser de lino de Irlanda
   - b. tener muchos botones
   - c. ser de telas para climas fríos

3. Una guayabera tradicional debe tener _____.
   - a. mangas cortas
   - b. botones en los bolsillos
   - c. un bolsillo arriba y uno abajo

4. Los bolsillos de abajo deben ser más grandes para poner _____.
   - a. la bufanda
   - b. el tabaco
   - c. el dinero

CAPÍTULO 7

Nombre: _____

Fecha: _____

Los deportes

A PRIMERA VISTA

7-1 Los deportes. Look at the following drawings and review the *A primera vista* section in your textbook on page 224. Then answer the questions below, giving only the name of the sport with the definite article.

1. ¿Cuál es el deporte más popular en los países hispanos?
   _____

2. ¿Cuál deporte es muy popular en el Caribe? _____

Mencione otros tres deportes populares en Hispanoamérica y España.

3.    4.    5.

_____   _____   _____

Nombre: _____ Fecha: _____

7-2 Los deportes y los jugadores. Indicate which sport you associate with the name of each player, team, or event. If you are not sure of the following names, try looking them up on your favorite search engine. Be sure to include the definite article in your answer.

MODELO: New York Yankees   *el béisbol*

1. Kobe Bryant   _____
2. Tour de France   _____
3. Tiger Woods   _____
4. Wimbledon   _____
5. La Copa Mundial   _____

7-3 Los deportes y el equipo. Match each sport with the piece of equipment with which it is played.

1. el baloncesto _____   a. el bate
2. el béisbol _____   b. los palos
3. el fútbol _____   c. la cesta
4. el tenis _____   d. el gol
5. el golf _____   e. la raqueta

7-4 Equipo deportivo. Select the item you do **not** need to participate in each of the following sports.

1. fútbol: pelota   raqueta   gol
2. voleibol: bate   red   balón
3. tenis: palos   raqueta   red
4. golf: campo   red   palos
5. básquetbol: balón   gol   cesto

Nombre: _____   Fecha: _____

7-5 ¿Qué necesito? Franco is unfamiliar with sports, so you need to help him understand them better. Listen to his statements and respond, letting him know when he is correct and correcting him when he is not.

MODELOS: You hear: Necesito un bate para el béisbol, ¿verdad?
You write: *Sí, para el béisbol necesitas un bate.*
You hear: Necesito una bicicleta para el fútbol, ¿verdad?
You write: *No, para el fútbol necesitas un gol.*

1. _____
2. _____
3. _____
4. _____
5. _____

7-6 ¿Qué deporte practican? You are visiting Argentina during your vacation, and many people seem to enjoy sports there: you overhear four conversations about sports in one day! Identify the sports in the order you hear them.

el ciclismo   el golf
el esquí   el tenis
el fútbol   el voleibol

1. _____
2. _____
3. _____
4. _____

7-7 Su deporte favorito. Answer the following questions orally about your own favorite sport.

1. ¿Cómo se llama su deporte favorito?
2. ¿Qué equipo se necesita para jugar?
3. ¿Cómo se llaman uno o dos de los jugadores famosos de este deporte?

Nombre: _____ **Fecha:** _____

7-8 El tiempo. Match each of the following pictures with their most accurate description.

1. ____

2. ____

3. ____

4. ____

5. ____

6. ____

a. Llueve mucho.
b. Hace viento.
c. Está nublado, y parece que va a llover.
d. Hace muy buen tiempo.
e. Hace mucho sol y calor.
f. Hace mucho frío.

7-9 El tiempo y las estaciones. Sports and activities are in many cases correlated with the weather and the seasons. Read the following statements, and then select the season or weather condition that is best for each activity or sport.

1. A muchas personas les gusta ir a la playa durante esta estación.
   a. invierno   b. verano   c. otoño
2. Esta estación se asocia con el fútbol americano.
   a. otoño   b. primavera   c. verano
3. Cuando hace este tiempo en San Francisco, muchas personas van a pasear al parque.
   a. llueve   b. hace fresco c. hace mucho frío
4. En esta estación muchas personas van a las montañas para esquiar.
   a. primavera   b. verano   c. invierno
5. En Nueva York, Chicago y Madrid, en invierno…
   a. hace calor.   b. hace frío. c. hace fresco.

Nombre: _____   **Fecha:** _____

7-10 Los deportes y el tiempo. Playing games and sports is a good way to stay in shape, but sometimes your friends need to be encouraged. First, unscramble the words from the list to reveal the names of some sports; then listen to your friends and recommend one of the sports to try. Be sure to include the definite article in your answer.

quesí   moclisic   flog   bevolili

1. Te recomiendo _____.
2. Te recomiendo _____.
3. Te recomiendo _____.
4. Te recomiendo _____.

Nombre: _____   Fecha: _____

EN ACCIÓN

7-11 Antes de ver. In this video episode, Javier will meet some new friends and be asked to join their team to play a popular sport. Look at the list below and choose three of the most popular sports in Latin America, based on the information from Capítulo 7.

baloncesto   fútbol   natación
béisbol   fútbol americano   voleibol
esquí

7-12 Mientras ve. As you watch the segment, select the answers to the following questions about Javier's day.

1. ¿Qué tiempo hace?
   a. hace frío   b. hace calor   c. hace fresco
2. ¿Qué busca Javier?
   a. un jardín   b. un hombre   c. un parque
3. ¿Qué necesitan Claudia y Martín?
   a. una pelota   b. un equipo   c. un jugador
4. ¿Qué deporte quieren jugar?
   a. fútbol   b. béisbol   c. baloncesto
5. ¿Por cuánto tiempo dejó Javier la bicicleta sin candado?
   a. un momento   b. quince minutos   c. una hora
6. ¿Quién se llevó la bicicleta de Javier?
   a. Claudia   b. Daniel   c. Martín

7-13 Después de ver. Look at the following picture of the scene from the end of the episode. In a brief paragraph, explain what happened and why Javier is angry.

_____
_____
_____

184 ■ *Mosaicos* Student Activities Manual

Nombre: _____ Fecha: _____

FUNCIONES Y FORMAS

1. Talking about the past: Preterit of reflexive verbs and pronouns (Textbook p. 232)

7-14 El día de Gabriela. Below are Gabriela's activities from last Saturday, in order. Conjugate the verbs in the preterit to tell what she did in the morning and at night.

POR LA MAÑANA:
despertarse
levantarse
bañarse
secarse
vestirse

POR LA NOCHE:
lavarse los dientes
ponerse el camisón
acostarse

Por la mañana Gabriela ….

1. _____.
2. _____.
3. _____.
4. _____.
5. _____.

Por la noche Gabriela …

6. _____.
7. _____.
8. _____.

7-15 Horarios diferentes. Franco and Gabriela are college students. Their schedules and activities are quite similar, but there are some differences too. Listen to their conversation and indicate whether the activities listed pertain to Franco, Gabriela, or both (**los dos**).

1. levantarse temprano	Franco	Gabriela	los dos
2. bañarse por la noche	Franco	Gabriela	los dos
3. afeitarse	Franco	Gabriela	los dos
4. lavarse los dientes	Franco	Gabriela	los dos
5. irse al trabajo	Franco	Gabriela	los dos
6. quitarse el traje	Franco	Gabriela	los dos
7. dormirse después de mirar la televisión	Franco	Gabriela	los dos
8. acostarse tarde	Franco	Gabriela	los dos

Nombre: _____   Fecha: _____

7-16   Un horario nuevo. Franco has been having a hard time keeping up with his school work because of his demanding schedule. Yesterday he tried to follow some advice from his advisor. Fill in the blanks with the preterit form of the correct verbs to find out about Franco's day yesterday.

| acostarse | dormirse | levantarse | quedarse |
| bañarse | irse | ponerse | |

Franco (1) _____ a las siete de la mañana. Fue a correr, y después (2) _____ y (3) _____ la ropa. Desde allí fue a la universidad, comió y (4) _____ en la biblioteca por tres horas para estudiar. Después de sus clases, Franco (5) _____ a casa. A las once de la noche (6) _____ y dice que (7) _____ rápidamente.

7-17   De vacaciones en Punta del Este. Your friends Gabriela and Franco spent a week in Punta del Este, a famous resort in Uruguay. Complete the questions with the correct preterit **ustedes** form of the appropriate verb, to find out what they did there.

| acostarse | irse | ponerse |
| bañarse | levantarse | |

1. ¿_____ muy tarde el sábado por la noche?
2. ¿A qué hora _____?
3. ¿_____ ropa informal para estar en el hotel?
4. ¿_____ en la mañana o en la noche?
5. ¿Qué día _____ de Punta del Este?

7-18   En casa. You and your roommates could not go to Punta del Este with Gabriela and Franco because you had to attend summer school. Tell them how your week went while they were gone, using the correct preterit form of the verbs from the list.

acostarse   lavarse   levantarse   ponerse

1. Yo _____ temprano el lunes para asistir a clase.
2. Mi compañero/a de cuarto y yo _____ ropa informal para ir a clase.
3. Mi compañero/a de cuarto _____ los dientes después de desayunar.
4. Yo _____ tarde el sábado por la noche.

Nombre: _____   Fecha: _____

7-19 ¿Y usted? What did you do last Saturday? Answer the following questions in complete sentences.

1. ¿A qué hora se levantó usted?
   _____

2. ¿Se bañó en la mañana o en la noche?
   _____

3. ¿Qué ropa se puso?
   _____

4. ¿Qué comió para el desayuno?
   _____

5. ¿Cuántas veces se lavó los dientes durante el día?
   _____

6. ¿A qué hora se acostó?
   _____

7-20 La rutina diaria. Your friends are trying to get you to be more organized. Tell them your daily schedule orally, so that they can give you some comments and advice.

2. Talking about the past: Preterit of *-er* and *-ir* verbs whose stem ends in a vowel (Textbook p. 236)

7-21 Planeando un partido de fútbol. Franco, César, and Santiago are organizing an informal soccer match, and there seems to be some disagreement on the weather. After you listen to their conversation, you call another friend to tell him about it. Complete your brief account with the correct forms of **leer** and **oír**.

Fue muy cómico. Franco (1) _____ que el viernes va a llover, pero César (2) _____ que va a hacer buen tiempo, y Santiago y su hermano también (3) _____ eso… ¿Sabes qué fue? ¡Que Franco (4) _____ el periódico de la semana pasada!

Nombre: _____   Fecha: _____

7-22 ¡El examen es hoy! Gabriela and Franco are talking about their upcoming exam, and Franco discovers that the professor has changed the date. Complete their conversation with the correct preterit forms of the verbs in parentheses.

GABRIELA: Hola, Franco. ¿Cómo estás? ¿ (1)_____ (oír) la noticia?

FRANCO: No… ¿qué pasó?

GABRIELA: El profesor cambió la fecha del examen… ¡Es hoy!

FRANCO: ¡Ah no! Yo (2)_____ (oír) la noticia pero no la (3)_____ (creer). No (4)_____ (leer) las páginas asignadas tampoco; ¿y tú, (5)_____ (leer) todo?

GABRIELA: Sí. César y yo (6)_____ (leer) todo anoche en la biblioteca.

FRANCO: ¡Qué suerte!

7-23 El periódico y la radio. Answer the following questions about your preferences and those of your best friend regarding newspaper and radio programs.

1. ¿Qué periódico leyó usted ayer? ¿Y su mejor amigo?
   _____

2. ¿Qué secciones leyeron (deportes/vida social/vida cultural/noticias internacionales)?
   _____

3. ¿Cuándo fue la última vez que usted oyó un programa de radio? ¿Qué programa oyó?
   _____

4. ¿Oyeron usted y su mejor amigo el mismo (*same*) programa? Si no, ¿cuál programa oyó él/ella? _____

3. Talking about the past: Preterit of stem-changing *-ir* verbs (Textbook p. 238)

7-24 El fin de semana. You are on a weekend trip with Gabriela, Franco, and César. Listen to Gabriela's statements about the things that you all did last night, and indicate to whom she is referring in each.

1. Gabriela (yo)	tú	Franco	Franco y César
2. Gabriela (yo)	tú	Franco	Franco y César
3. Gabriela (yo)	tú	Franco	Franco y César
4. Gabriela (yo)	tú	Franco	Franco y César
5. Gabriela (yo)	tú	Franco	Franco y César
6. Gabriela (yo)	tú	Franco	Franco y César

Nombre: _____ **Fecha:** _____

7-25 Los amigos. Using the following information, complete the statements indicating what Gabriela, Franco, and César did last Saturday. Use the correct preterit form of the verbs.

	GABRIELA	FRANCO Y CÉSAR
por la mañana	vestirse rápidamente	dormir hasta tarde
por la tarde	preferir estudiar en la biblioteca	oír un disco compacto en el auto
por la noche	salir a cenar	pedir una pizza

1. Por la mañana, Gabriela _____ rápidamente.
2. Por la mañana, Franco y César _____ hasta tarde.
3. Por la tarde, Gabriela _____ estudiar en la biblioteca.
4. Por la tarde, Franco y César _____ un disco compacto en el auto.
5. Por la noche, Franco y César _____ una pizza.

7-26 ¿Que hizo usted ayer? Gabriela, Franco, and César would like to know all about your day yesterday, too. Describe your activities orally, and be sure to use some of the following verbs: **pedir, oír, preferir, dormir, vestirse.** Begin your statements with **Por la mañana…, Por la tarde…** , or **Por la noche…**

7-27 Celebración. Unscramble the sentences and conjugate the verbs in the preterit to reveal what your Argentinian friends did when they heard that their soccer team had won the World Cup. Be sure to begin each sentence with the subject name or pronoun.

MODELO: al principio/no creerlo/yo

Yo no lo creí al principio.

1. la buena noticia muchas veces/Franco/repetir

   _____

2. el triunfo/ellos/servir cerveza/para celebrar

   _____

3. vino/Gabriela/preferir tomar

   _____

4. con los colores del equipo/vestirse/César

   _____

5. esa noche/no dormir/ellos

   _____

Nombre: _____ Fecha: _____

4. Emphasizing or clarifying information: Pronouns after prepositions (Textbook p. 241)

7-28 Los regalos. You have been shopping for gifts, and Gabriela wants to know who they are for. Use the information below about the individuals' preferences to answer her questions in complete sentences.

Gustos!
- Gabriela - nadar
- Yo - nadar también; las botas de cuero
- Mis primas - la ropa
- Papá - la música clásica
- Abuela - las novelas de misterio y de miedo
- Mis primos - el tenis
- Mi hermano - el béisbol
- Mi hermana - dibujar

MODELO: ¿Para quién son las pinturas de colores, para tu hermano o tu hermana?
Son para ella.

1. ¿Para quién es el libro de Stephen King, para tu papá o para tu abuela? _____
2. ¿Para quién(es) son las raquetas, para tu abuela o para tus primos? _____
3. ¿Para quién es el CD de Mozart, para tu hermana o para tu papá? _____
4. ¿Para quién es el bate, para tu hermana o para tu hermano? _____
5. ¿Para quién(es) son los suéteres, para tu hermana o para tus primas? _____
6. ¿Para quién son las botas de cuero, para tu hermana o para ti? _____
7. ¿Para quién son los trajes de baño, para ti o para mí? _____

Nombre: _____   Fecha: _____

7-29 ¿Con quién? Franco talks about some of the things he and his friends do. Complete the following sentences with the appropriate pronouns or prepositions.

1. No quiero ir solo al dentista. Mi amiga Gabriela va _____.

2. A César no le gusta comer solo; por eso va al restaurante _____ Santiago.

3. Gabriela no tiene auto; yo la voy a buscar para ir al partido de fútbol. Ella no puede ir al estadio _____ mí.

4. A _____ me encanta el helado de vainilla.

5. Te gusta la música clásica; compré estos discos de Plácido Domingo para _____.

6. Como te sientes mal, te acompaño al médico; prefiero ir _____.

7. César y yo vamos a buscar a Gabriela para ir a ver una película. Ella va a venir al cine con _____.

7-30 ¡Increíble! You call your best friend from high school, and she describes a party where she saw some of your former classmates. React to her news, as shown in the examples.

MODELOS: You hear: César está interesado en mí.
              You write: *¿En ti?*
              You hear: Franco está interesado en Gabriela.
              You write: *¿En ella?*

1. ¿_____?   4. ¿_____?
2. ¿_____?   5. ¿_____?
3. ¿_____?   6. ¿_____?

5. Talking about the past: Some irregular preterits (Textbook p. 243)

7-31 El trabajo de Gabriela. Complete the following statements about Gabriela's day at work with appropriate preterit forms of the verbs below. Be sure to use each verb only once.

    estar   querer   traducir
    poder   tener   venir

1. Ayer Gabriela _____ muy ocupada.

2. Una clienta _____ a las diez y un minuto.

3. La clienta _____ venir anteayer, pero no fue posible.

4. Gabriela _____ de español a inglés para unos clientes.

5. Gabriela no _____ tiempo libre por la tarde.

6. El novio de Gabriela no _____ hacer la cena para ellos después del trabajo.

Nombre: _____   Fecha: _____

7-32 ¿Qué hizo el fin de semana pasado? Think about what you did last weekend. Write complete sentences to indicate whether you did the following activities.

MODELO: volver a casa tarde

Volví a casa tarde. o *No volví a casa tarde.*

1. ir al cine
   _____

2. ponerse ropa elegante
   _____

3. querer ir a la playa
   _____

4. descansar
   _____

5. hacer la tarea
   _____

6. estar en casa
   _____

7. bañarse
   _____

8. tener mucho trabajo
   _____

7-33 ¿Qué más? What else did you do last weekend? Write a brief paragraph and mention some other things that you did on Friday, Saturday, and Sunday. Use the expressions **por la mañana, por la tarde,** and **por la noche.**

_____
_____
_____
_____
_____
_____

Nombre: _____   Fecha: _____

7-34 ¿Qué hizo el profesor de español el fin de semana pasado? Can you imagine what your Spanish instructor did last weekend? Listen to the questions and answer negatively or affirmatively; in the latter case, complete your sentence with more specific information, as in the model.

MODELO: You hear: ¿Leyó un libro?

You write: *No, no leyó un libro.* o *Sí, leyó* The Kite Runner.

1. _____
2. _____
3. _____
4. _____
5. _____
6. _____

7-35 Descubriendo Uruguay. Select from the following verbs and conjugate them in the preterit to complete the paragraph about Franco's family vacation in Uruguay.

| estar | poder | tener | ser |
| ir | ponerse | tomar | ver |

Nuestra familia fue a Uruguay el año pasado. Nosotros (1) _____ en avión y (2) _____ allí por una semana. El primer día en Montevideo (3) _____ la Ciudad Vieja y también la Puerta de la Ciudadela, que conecta el centro de Montevideo con la Ciudad Vieja. (4) _____ una excursión muy interesante. El segundo día (5) _____ un taxi para ir al mercado del Puerto. Nos encantó; es un lugar muy divertido y un poco bohemio (*artsy*). Después de visitar dos museos, no (6) _____ tiempo de ver todo lo que tienen en el Museo del Gaucho, y no (7) _____ ver el Museo de la Moneda porque era (*was*) muy tarde. El último día en Montevideo (8) _____ ropa muy cómoda para ir a Punta del Este y pasar el resto de la semana en la playa.

Nombre: _____   Fecha: _____

🔊 **7-36 Demasiado tarde.** Your friend is always a bit behind everybody else: everything she wants to do today was already done yesterday! Listen to her questions and reply using the cues below, as in the model. Try to avoid repetition by substituting direct objects with pronouns in your answers when possible.

MODELO: You hear: ¿Estudiamos los verbos irregulares?
 You see: (yo)
 You write: *Yo los estudié ayer.*

1. (Gabriela) _____
2. (nosotros) _____
3. (Franco) _____
4. (yo) _____
5. (Gabriela y Franco) _____

7-37 Los famosos. As of this year, how long ago have the following events happened? Complete the sentences using **hace** + *the amount of time*.

1. _____ que Melanie Griffith y Antonio Banderas se casaron. (1996)
2. _____ que Arnold Schwarzenegger se convirtió en gobernador. (2003)
3. _____ que Nixon se fue de la Casa Blanca. (1974)
4. _____ que se estrenó la película *El sonido de la música*. (1965)
5. _____ que John Lennon fue asesinado. (1980)

🔊 **7-38 Llegada a Buenos Aires.** You and a few friends have been home for the first part of your vacation, but you plan to meet in Buenos Aires, Argentina, for the rest of it. It is 10:00 a.m. right now. After determining whether each of your friends has arrived, and how long ago, answer the last two questions that follow.

MODELO: You see: Juan/Filadelfia: Juan llegó _____.
 You hear: Vuelo 732, procedente de Filadelfia, llegada a las 9:40.
 You write: Juan llegó *hace veinte minutos.*

1. Gabriela/Miami: Gabriela llegó _____.
2. César y Franco/Chicago: César y Franco llegaron _____.
3. Santiago/Nueva York: Santiago llegó _____.
4. Lea y Sonia/Los Ángeles: Lea y Sonia llegaron _____.
5. Manuel/San Juan: Manuel llegó _____.
6. ¿Llegaron todos tus amigos? _____.
7. ¿Quién llegó primero? _____.

Mosaicos Student Activities Manual

Nombre: _____   Fecha: _____

MOSAICOS

A escuchar

Antes de escuchar

7-39 Diego Maradona. You will listen to several sentences about the famous Argentinian soccer player, Diego Maradona. Before you listen, make a list of any facts you know about soccer or about Maradona. Then, make a list of any opinions you have of Maradona, or any speculations about his life as a soccer star.

INFORMACIÓN CONCRETA	OPINIONES
_____	_____
_____	_____
_____	_____
_____	_____
_____	_____
_____	_____

Escuchar

7-40 Información sobre Maradona. Now, listen carefully to several pieces of information about Diego Maradona. Then indicate whether each piece of information is **información concreta** (C) or **opinión personal** (O).

1. _____
2. _____
3. _____
4. _____
5. _____

Después de escuchar

7-41 Otro/a atleta famoso/a. Write a brief paragraph about another famous athlete whose life and career you are familiar with. Be sure to include three facts and three opinions based on fact.

_____
_____
_____
_____
_____
_____

Nombre: _____ Fecha: _____

A conversar

7-42 Un reportaje deportivo. Think about a recent sporting event you either saw, participated in, or heard about. Report the key details about the event orally. Include the name of the sport, the names of the players, and the key points of the game or match, as well as the outcome.

A leer

Antes de leer

7-43 Un texto nuevo. Look at the title and the format of the reading in activity **7-44**, and skim the key words for content. Then select the best answer to the following questions.

1. Este texto se puede encontrar en...
   - **a.** un libro.
   - **b.** un periódico.
   - **c.** una carta.

2. El título sugiere (*suggests*) que se trata de...
   - **a.** los deportes.
   - **b.** el tiempo.
   - **c.** la comida.

3. El texto se trata de un país en...
   - **a.** Europa.
   - **b.** Norteamérica.
   - **c.** Sudamérica.

Leer

7-44 Medio Chile bajo el agua. Read this article from the international section of an Uruguayan newspaper. Then indicate whether each of the statements that follow is true (**Cierto**) or false (**Falso**), or the information is not given in the article (**No dice**).

MEDIO CHILE BAJO EL AGUA

Después de un invierno suave y temperaturas agradables, el frío y el agua azotan desde hace quince días buena parte del territorio chileno. El temporal, que es especialmente intenso en el sur del país, donde se encuentran decenas de pueblos aislados y numerosos caminos y carreteras cerrados al tráfico, se extiende también al centro y al norte del país, especialmente al Desierto de Atacama, el desierto más seco del mundo.

A altas horas de la noche, los escuadrones de rescate (*rescue squads*) pudieron llegar en botes a sacar de los techos de sus casas a cientos de víctimas —mujeres y niños— que esperaban angustiosamente la ayuda de las autoridades. Las zonas más afectadas son las poblaciones más cerca del río Bío-Bío en el sur del país.

Para hoy, no se esperan cambios significativos en el clima; se esperan más heladas, lluvia y fuertes vientos.

Nombre: _____   Fecha: _____

1. El mal tiempo afecta sólo a una región del país.
   Cierto   Falso   No dice
2. Hace una semana que está nevando.
   Cierto   Falso   No dice
3. Las personas no pueden usar sus carros en el sur del país.
   Cierto   Falso   No dice
4. En el Desierto de Atacama hay tormentas de arena.
   Cierto   Falso   No dice
5. El tiempo va a mejorar pronto.
   Cierto   Falso   No dice
6. Se esperan vientos de gran velocidad.
   Cierto   Falso   No dice

Después de leer

7-45   El tiempo. Write a brief report about recent weather conditions in your area. Is this a typical weather event for this season? Be sure to mention the affected areas or regions as well as the outcomes.

_____
_____
_____
_____
_____

A escribir

Antes de escribir

7-46   Deportes en la universidad. You are interested in joining the university's newspaper staff, and you would like to report on sports. First, brainstorm by writing a list of all the sports played at your university as well as the names of any players that you know.

DEPORTES	**JUGADORES**
_____	_____
_____	_____
_____	_____
_____	_____
_____	_____

Capítulo 7   Los deportes   ■   197

Nombre: _____ **Fecha:** _____

Escribir

7-47   El reportaje. You were chosen to write for the school paper! Now, your first assignment is to report on a recent sporting event that one of your university's teams participated in. Remember that this should be a real event, and be sure to include the following information:

- date, time, location, and type of event
- the reaction of the spectators during and after the event
- your personal opinion about the event

_____
_____
_____
_____
_____
_____
_____
_____
_____
_____
_____
_____
_____

Después de escribir

7-48   Revisión. Review your report above and rewrite it, making sure you have included the following:

- topic sentences for each paragraph _____
- supporting details for each topic sentence _____
- vocabulary specific to the topic _____
- closing sentences for each paragraph _____

Nombre: _____   Fecha: _____

ENFOQUE CULTURAL

7-49 Tradiciones en Argentina y Uruguay. Reread the *Enfoque cultural* section on pages 252–253 of your textbook, and then select the answer that best completes each of the following sentences.

1. Otra palabra para *asado* es…
   - **a.** fruta.
   - **b.** carne.
   - **c.** pan.

2. En Argentina, un *gaucho* es un…
   - **a.** jugador.
   - **b.** profesor.
   - **c.** vaquero.

3. La parrillada en Estados Unidos incluye…
   - **a.** salsa de aceite.
   - **b.** órganos internos de la vaca.
   - **c.** verduras y frutas.

4. El asado en Argentina y Uruguay incluye…
   - **a.** diferentes tipos de carnes.
   - **b.** verduras y frutas.
   - **c.** salsa de tomate.

5. En _____ hay tantas vacas como personas.
   - **a.** Estados Unidos
   - **b.** Argentina
   - **c.** Uruguay

6. _____ no es un autor latinoamericano famoso.
   - **a.** Sarmiento
   - **b.** Facundo
   - **c.** Hernández
   - **d.** Güiraldes

7-50 Los deportes y los atletas. Visit the *Mosaicos* webpage to read about some of the following famous athletes from Argentina and Uruguay. Then fill out the information for the three sports listed below.

Diego Maradona   Martín Gramática
Esteban Batista   Gustavo Varela
Angel Cabrera   Manu Ginobili
Guillermo Vilas

Nombre: _____   Fecha: _____

deporte: **el golf**
jugador: _____
nacionalidad: _____
datos biográficos: _____
_____

deporte: **el tenis**
jugador: _____
nacionalidad: _____
datos biográficos: _____
_____

deporte: **el baloncesto**
jugador: _____
nacionalidad: _____
datos biográficos: _____
_____

Nombre: _____ Fecha: _____

REPASO

7-51 Los amigos y los deportes. You are helping your friends Franco and Gabriela buy the appropriate equipment for some different sports and activities below. Help them by providing the names of the three sports pictured below and two pieces of equipment needed for each sport from the word bank. Be sure not to repeat any pieces of equipment.

| el bate | los palos | la raqueta |
| el guante | la pelota | la red |

Deporte: 1. _____   4. _____   7. _____

Equipo: 2. _____   5. _____   8. _____

           3. _____   6. _____   9. _____

7-52 El tiempo y los eventos deportivos. You and your friends are big sports fans and plan to watch a lot of different sporting events on television this week. Read the description of the weather in each city, and then decide if the weather will logically permit the sporting event that is mentioned. Select **Sí** or **No**.

1. En Montevideo hace buen tiempo.
   El golf: Sí   No

2. En Mendoza, llueve mucho.
   El tenis: Sí   No

3. En Bariloche, nieva.
   El ciclismo: Sí   No

4. En Buenos Aires, hace fresco.
   El fútbol: Sí   No

5. En Punta del Este, hace mucho calor.
   El esquí: Sí   No

Nombre: _____ Fecha: _____

7-53 ¡Llegué tarde! You were supposed to meet Franco, Gabriela, and César at a university basketball game yesterday, but you arrived late and missed it. Explain, in at least four sentences, everything you did and with whom, and invite your friends to attend another event with you.

_____
_____
_____
_____
_____
_____
_____
_____
_____
_____
_____
_____

7-54 Un mensaje. Franco calls Gabriela and leaves a message on her answering machine. Listen to his message, and then select the answer that best completes each of the sentences below.

1. No pueden ir al partido de béisbol por...
   a. el viento.　　　b. la lluvia.　　　c. la nieve.

2. El partido de béisbol es el...
   a. sábado.　　　b. domingo.　　　c. viernes.

3. Franco va al torneo de tenis con sus...
   a. amigos.　　　b. tíos.　　　c. padres.

4. El torneo debe ser bueno por...
   a. el tiempo.　　　b. los jugadores.　　　c. los partidos.

Nombre: _____   Fecha: _____

7-55 El beisbolista Sammy Sosa. Read the following information about the famous Dominican baseball player Sammy Sosa. Then, based on the reading, decide whether the following statements indicate **información concreta** (C) or **opinion personal** (O).

Por muchos años, el deportista más famoso de Norteamérica fue el jugador de baloncesto Michael Jordan. Después del primer retiro de Jordan, el beisbolista Sammy Sosa fue la estrella (*star*) de Chicago y, al lado de Mark McGwire, fue uno de los atletas más famosos del país.

Sosa es uno de 70 jugadores dominicanos de las Grandes Ligas. Es del pueblo San Pedro de Macorís, República Dominicana, y sus padres son campesinos. A pesar de sus orígenes humildes, Sosa es ahora uno de los beisbolistas más ricos en Estados Unidos. El contrato de cuatro años que firmó en 1997 con los Cubs incluyó un sueldo de $42.5 millones.

Aunque es rico y famoso, Sosa no ignora las condiciones de pobreza en la República Dominicana. Financió una clínica de salud en San Pedro de Macorís para ayudar a la gente de su país. Además, cuando el huracán Georges pasó por el país en el otoño de 1998, la Fundación Sammy Sosa dio dinero, ropa y comida para las víctimas. También consiguió donaciones de sus aficionados norteamericanos para aliviar a los dominicanos en las zonas afectadas por el huracán. Como consecuencia de su ayuda, el 18 de octubre se declaró "Día Sammy Sosa" en la ciudad de Nueva York, donde hay una población dominicana bastante grande.

El beisbolista de sólo 36 años es ahora más que un atleta famoso. Sin duda, es uno de los héroes de su país; su fortuna y generosidad ayudan a mejorar la crisis causada por los desastres naturales y las condiciones económicas desfavorables de su país.

1. Después del primer retiro de Jordan, el beisbolista Sammy Sosa fue la estrella (*star*) de Chicago y, al lado de Mark McGwire, fue uno de los atletas más famosos del país. _____

2. Sosa es uno de 70 jugadores dominicanos de las Grandes Ligas. _____

3. El contrato de cuatro años que firmó en 1997 con los Cubs incluye un sueldo de $42.5 millones. _____

4. Cuando el huracán Georges pasó por el país en el otoño de 1998, la Fundación Sammy Sosa dio dinero, ropa y comida para las víctimas. _____

5. El beisbolista de sólo 36 años es ahora más que un atleta famoso. _____

CAPÍTULO 8

Nuestras tradiciones

A PRIMERA VISTA

8-1 Fiestas tradicionales hispanas. You will hear Hispanic people describing a few traditional celebrations. Listen to the descriptions and match them with the corresponding holiday.

1. _____
2. _____
3. _____
4. _____
5. _____

a. la Nochebuena
b. el Día de los Muertos
c. el Día de la Independencia
d. la Semana Santa
e. el Carnaval

8-2 De fiesta. Read the following descriptions of holidays in the United States and Hispanic countries, and indicate the holiday being described.

1. Un día especial para los novios y esposos._____
2. Una fiesta muy importante en algunas ciudades como Nueva Orleáns y Río de Janeiro._____
3. Día especial para recordar a los parientes muertos. _____
4. La noche antes de la Navidad._____
5. Hay desfiles con banderas (*flags*) y bandas. _____
6. Los niños norteamericanos van a las casas de sus vecinos (*neighbors*) y les piden algo._____

a. el Día de los Muertos/Difuntos
b. la Nochebuena
c. el Día de la Independencia
d. el Día de las Brujas
e. el Carnaval
f. el Día de los Enamorados

Capítulo 8 Nuestras tradiciones ■ 205

Nombre: _____ Fecha: _____

8-3 Las fiestas y las tradiciones. Reread the *A primera vista* section in your textbook and answer the following questions.

1. ¿Por qué las carretas adornadas hacen el camino para llegar a El Rocío?
   _____
   _____

2. ¿Cómo se celebra el Día de los Muertos en México?
   _____
   _____

3. ¿Por qué se celebran los festivales folclóricos?
   _____
   _____

4. ¿Qué hay en un carnaval?
   _____
   _____

5. ¿Cuándo se hacen las procesiones en Guatemala?
   _____
   _____

6. ¿Cómo se celebra el día de San Fermín?
   _____
   _____

8-4 Otras fiestas populares. Listen to the people who are planning for certain popular celebrations; can you identify them? Write the name of the celebration they are preparing for. Do not forget to include the definite article (**el/la**) in your answer.

1. _____   4. _____
2. _____   5. _____
3. _____

8-5 Las fiestas tradicionales de Estados Unidos. Alberto is a Mexican student visiting the United States. Listen to his question about a traditional holiday, and then give your answer orally.

Nombre: _____   Fecha: _____

8-6 De vacaciones en México. Both Ramón and Anita have recently visited Mexico and had different experiences. Listen to their phone conversation once for the gist; then listen again and select the best response to the following questions.

1. ¿Quién visitó a una familia mexicana?
   a. Ramón   b. Anita   c. Ramón y Anita

2. ¿Quién fue a la playa con su familia?
   a. Ramón   b. Anita   c. Ramón y Anita

3. ¿Cómo se llama la fiesta en la que participó Anita?
   a. el Día de los Muertos   b. el Día de la Independencia   c. la charreada

4. ¿Qué ciudad mexicana visitó Anita?
   a. Cancún   b. Acapulco   c. Guadalajara

5. ¿Qué tipo de música había en la fiesta en que Anita participó?
   a. música de mariachi   b. música indígena   c. música moderna

6. ¿Qué es la charreada?
   a. un baile   b. una comida tradicional   c. un espectáculo

7. ¿Qué hacen los charros?
   a. tocan instrumentos musicales   b. hacen bailes folclóricos   c. participan en un rodeo

8. ¿Qué complementos del traje charro menciona Anita?
   a. sus grandes cinturones   b. sus sombreros coloridos   c. sus botas decoradas

8-7 Un día especial. Anita knows quite a bit about celebrations in Mexico and other Hispanic countries, and now Ramón is asking about them. First, look at Anita's answers to Ramón, and try to guess what type of celebration they are discussing. Then listen to Ramón's questions and match them with Anita's answers.

_____ 1. Son las personas que acompañan al novio y a la novia durante la boda.

_____ 2. Generalmente hay una recepción con comida, bebida y música de una orquesta o de mariachi.

_____ 3. Generalmente las celebran en la iglesia porque la mayoría de los mexicanos son católicos.

_____ 4. La familia y los amigos, y a veces tienen otros invitados, como los compañeros de trabajo.

_____ 5. Sí, los padres de los novios las envían para anunciar el día y el lugar de la ceremonia.

Capítulo 8   Nuestras tradiciones

Nombre: _____   Fecha: _____

8-8 Invitaciones. Imagine that you are having a special celebration at home, and you invite a few friends. Write out the invitation that you will send to your friends by giving the following information.

Propósito de (*Reason for*) la fiesta: _____

Día: _____

Hora: _____

Lugar: _____

8-9 Dos invitaciones. You have received two invitations for the same day. Choose one, accept it, and offer to help. Politely decline the other, and offer an excuse.

Propósito:	El cumpleaños de Ramón
Día:	31 de octubre
Hora:	8:00 p.m.
Lugar:	El restaurante "El abajeño", #21 Calle Juárez ¡Ven a celebrar con nosotros! ¡Vamos a comer, beber y bailar!

Propósito:	Una fiesta de disfraces para el Día de las Brujas
Día:	31 de octubre
Hora:	8:00 p.m.
Lugar:	#9 Calle Hidalgo (la casa de Guillermo) ¡Lleva un disfraz!

1. _____
_____
_____
_____

2. _____
_____
_____
_____

8-10 Crucigrama. Complete the following sentences about holidays to solve the crossword puzzle. When you complete the puzzle, the vertical row will contain the name of a holiday.

1. Los países celebran su libertad y soberanía (*sovereignty*) el Día de la _____.
2. Santa Claus les trae regalos a los niños para la _____.
3. El cuarto jueves de noviembre se celebra en Estados Unidos el Día de Acción de _____.
4. Los adultos se disfrazan y se divierten mucho en el _____.
5. El primer día del año es el Día de Año _____.
6. Durante el mes de mayo se celebra en muchos países el Día de las _____.
7. El día festivo: la _____ (*Easter*)

Nombre: _____   Fecha: _____

EN ACCIÓN

8-11 Antes de ver. In this video segment, Luciana and Marcos are preparing a birthday party for Gabi. Make a list of the things they should include in a birthday celebration.

_____
_____
_____
_____
_____

8-12 Mientras ve. As you watch the segment, read the following statements and indicate if they are **Cierto, Falso,** or **No dice.**

1. La ponchera era de la madre de Luciana.
   Cierto   Falso   No dice

2. Marcos y Luciana querían hacer una fiesta para el cumpleaños de Gabi.
   Cierto   Falso   No dice

3. Luciana hacía un pastel.
   Cierto   Falso   No dice

4. Javier mandó las invitaciones.
   Cierto   Falso   No dice

5. Marcos y Javier pusieron la mesa.
   Cierto   Falso   No dice

6. Marcos rompió la ponchera.
   Cierto   Falso   No dice

7. Javier tiene que comprar una ponchera nueva.
   Cierto   Falso   No dice

8-13 Después de ver. Do you remember the different versions of the story? Read the statements below and match each one with the person to whom it refers.

a.

b.

1. Su abuela siempre servía el ponche de Navidad en la ponchera. ____
2. Cuando entró, vio que Luciana no sabía lo que hacía. ____
3. Le tocaba mandar las invitaciones. ____
4. Dice que Javier tiene que comprar otra ponchera. ____

Nombre: _____ Fecha: _____

FUNCIONES Y FORMAS

1. Expressing ongoing actions and descriptions in the past: The imperfect (Textbook p. 266)

8-14 ¿Cuándo? Read the following sentences that describe Anita's routines in the present and in the past, and indicate the time frame of each activity (**presente** or **imperfecto**).

1. Bailaba en las discotecas.   presente   imperfecto
2. Va de compras al centro comercial.   presente   imperfecto
3. Tenía un chihuahua muy gracioso (*cute*).   presente   imperfecto
4. Trabaja en una oficina muy grande.   presente   imperfecto
5. Visitaba a su abuela todos los veranos.   presente   imperfecto
6. Comía en Wendy's frecuentemente.   presente   imperfecto
7. Vive con sus padres.   presente   imperfecto
8. Estudia los domingos por la noche.   presente   imperfecto
9. Tocaba el piano.   presente   imperfecto
10. Iba con su novio al cine.   presente   imperfecto

8-15 En la escuela primaria. The following are some things Anita and her friends (including you!) used to do in elementary school. Indicate who used to do each of the activities.

a. mi amigo Ramón   c. mis amigas Raquel y Susana
b. mis amigas y yo   d. tú

1. Hacíamos la tarea. _____
2. Jugaba al fútbol por las tardes. _____
3. Cuidaban (*took care of*) a su hermana pequeña. _____
4. Ayudabas a tu mamá. _____

8-16 Cuando iba a la escuela. Listen to Anita as she talks about her school days. Decide whether each statement refers to an event that happened repeatedly or habitually (**acción habitual**), an event that was in progress in the past (**acción en progreso**), or a description of characteristics or conditions in the past (**descripción**).

1. acción habitual   acción en progreso   descripción
2. acción habitual   acción en progreso   descripción
3. acción habitual   acción en progreso   descripción
4. acción habitual   acción en progreso   descripción
5. acción habitual   acción en progreso   descripción

Nombre: _____   Fecha: _____

8-17 En la secundaria. Listen to Anita as she reminisces about her and her friends' high school years, and choose the correct subject: Anita herself (**yo**), her friend Ramón (**él**), all the students (**nosotros**), or the teachers (**ellos**).

a. Anita (yo)   c. los estudiantes (nosotros)
b. Ramón (él)   d. los profesores (ellos)

1. _____
2. _____
3. _____
4. _____
5. _____
6. _____

8-18 La universidad es diferente. Anita and Ramón are comparing their college experiences to high school. First, read the statements below. Then listen to their conversation, and indicate whether each of the following statements is **Cierto, Falso** or **No dice.**

1. Caminaban a la universidad.	Cierto	Falso	No dice
2. En la secundaria tenían mucha tarea.	Cierto	Falso	No dice
3. En la universidad estudiaban en la biblioteca.	Cierto	Falso	No dice
4. En la secundaria los horarios eran flexibles.	Cierto	Falso	No dice
5. En la secundaria había más clases interesantes.	Cierto	Falso	No dice
6. Iban a más fiestas en la universidad.	Cierto	Falso	No dice
7. En la secundaria y en la universidad se divertían.	Cierto	Falso	No dice

8-19 Su experiencia. Now think about your own experiences, and talk about something you used to do in high school that you liked, as well as something from the same time in your life that you did not like.

Nombre: _____   Fecha: _____

8-20 Anita y su familia. Complete the following sentences with the correct form of the appropriate verbs, and describe what Anita and her family used to do when she was a child.

cocinar   ir   mirar   ser

estar   jugar   reunirse

1. Mi familia y yo _____ de vacaciones todos juntos en el verano.
2. Nosotros siempre _____ para celebrar las fiestas más importantes.
3. El Día de Acción de Gracias, mi mamá _____ pavo y puré de (*mashed*) papas.
4. A veces yo _____ programas especiales en la televisión.
5. Mis padres _____ muy felices.
6. Mis hermanos y yo _____ a los videojuegos.
7. Toda la familia _____ muy contenta.

2. Narrating in the past: The preterit and the imperfect (Textbook p. 270)

8-21 La vida de Anita. Read the following sentences about Anita's life and indicate whether she most likely did these activities last weekend (**el fin de semana pasado**), or when she was a child (**cuando era niña**), or whether she does them now (**ahora**).

a. el fin de semana pasado   b. cuando era niña   c. ahora

1. Hablaba mucho con su madre. _____
2. Fue de vacaciones a Disney World. _____
3. Sale de paseo con su hermano los domingos por la mañana. _____
4. Estuvo muy enferma. _____
5. Tenía muchos amigos. _____
6. Preparó una cena especial. _____

8-22 Las fiestas. Read the following statements about how Ramón and his family celebrate certain holidays, and then choose the most logical ending for each sentence.

1. La familia de Ramón siempre pasa la Navidad en su casa, pero el año pasado...
   a. fueron a casa de sus abuelos en Monterrey.
   b. iban a casa de sus abuelos en Monterrey.
   c. van a casa de sus abuelos en Monterrey.

2. Ramón y su familia preparan pavo con puré de papas para el Día de Acción de Gracias, pero cuando Ramón era niño, ellos siempre...

   a. preparan un asado de cerdo.

   b. prepararon un asado de cerdo.

   c. preparaban un asado de cerdo.

3. A la madre de Ramón solo le gusta la música clásica, pero el año pasado para el Día de las Madres Ramón...

   a. lleva a su madre a un concierto de rock.

   b. llevó a su madre a un concierto de rock.

   c. llevaba a su madre a un concierto de rock.

4. Para sus fiestas de cumpleaños cuando eran niños, el papá de Ramón siempre...

   a. compraba piñatas.

   b. compró piñatas.

   c. compra piñatas.

5. Todos los años para celebrar el Año Nuevo, Ramón y su familia iban a casa de los Solís y...

   a. bailaron hasta las dos o tres de la mañana.

   b. bailaban hasta las dos o tres de la mañana.

   c. bailan hasta las dos o tres de la mañana.

8-23 En la escuela secundaria. Read the paragraph about Anita's friend Raquel and her life during high school. Then indicate whether the statements that follow refer to events she did on a regular basis (**habitualmente**) or to an event that happened only once (**una vez**).

¡Hola! Soy Raquel. Mi vida en la escuela secundaria fue excelente. Tenía muchos amigos. Iba a clase por las mañanas, y por las tardes practicaba la natación. También era animadora (*cheerleader*) de mi escuela. Estudiaba por las noches y sacaba buenas notas. Un día, después de un partido, comí una pizza con mis amigas en un restaurante de mi pueblo y hablamos de las clases. Mi sorpresa más grande del año fue que saqué F en todos mis exámenes. ¡Por suerte fue un error administrativo! Cuando estaba en mi último año, conocí a un chico muy simpático en una fiesta. El fin de semana después, fuimos juntos al cine. Pero después de graduarse, él tuvo que mudarse a otra ciudad con su familia.

1. practicar la natación

habitualmente   una vez

2. ser animadora

habitualmente   una vez

3. estudiar

habitualmente   una vez

4. comer pizza

habitualmente   una vez

5. sacar una F en los exámenes

habitualmente   una vez

6. ir al cine con un muchacho

habitualmente   una vez

Nombre: _____   Fecha: _____

8-24 ¿Y su vida? Write three things you used to do regularly when you were younger, and three things you did once that were memorable.

Tres cosas que usted hacía regularmente:

1. _____
2. _____
3. _____

Tres cosas que usted hizo que fueron memorables:

1. _____
2. _____
3. _____

3. Comparing people and things: Comparisons of inequality (Textbook p. 273)

8-25 Cosas de la vida. Read each statement and complete the sentences, indicating how you feel about the following things using **más** or **menos**.

1. Me gusta mucho la comida mexicana, pero no me gusta la comida china.

    La comida mexicana es _____ sabrosa que la comida china.

2. La sociología me fascina sobre todas las materias en la universidad.

    La historia es _____ interesante que la sociología.

3. Cuando tengo un problema, siempre puedo contar con (*count on*) el apoyo de mi familia.

    Mi familia es _____ importante que mis amigos.

4. La primavera me entusiasma, porque ¡puedo ir a ver los partidos de béisbol!

    El béisbol es _____ divertido que el fútbol americano.

5. Tengo que estudiar mucho para entender los conceptos en la clase de química.

    La química es _____ difícil que la contabilidad.

Nombre: _____   Fecha: _____

8-26 Otras personas y yo. Compare yourself to other people by completing the following statements. Use **más… que** or **menos… que** and identify the other person.

MODELO: Yo soy *más* atlético/a *que mi hermano.*

1. Hago _____ ejercicio _____.
2. Soy _____ fuerte _____.
3. Participo en _____ deportes _____.
4. Soy _____ activo/a _____.
5. Estoy _____ contento/a _____.
6. Como _____ verduras _____.

8-27 Mi familia, mis amigos y yo. Compare yourself to family members and friends. Use **más/menos, mayor/menor, mejor/peor** and words from the list below.

| amigos | celebrar | discos | hablar | ser |
| bailar | comprar | fiestas | libros | tener |

MODELOS: *Yo tengo más aretes que mi hermana.*

Yo bailo mejor que mi madre.

1. _____   3. _____   5. _____
2. _____   4. _____   6. _____

8-28 Preparativos de boda. Raquel and Ramón need to finalize the arrangements for their wedding reception today so that everything will be ready. Ramón is still a bit confused, so Raquel has drawn a chart with the important details. Listen to Ramón and decide whether his understanding is **Cierto** or **Falso**.

	RESTAURANTE MIRAMAR	RESTAURANTE PARÍS	RESTAURANTE LAS TORRES
Precio por persona	50 pesos	53 pesos	58 pesos
Camareros	17	15	20
Menú	Bueno	Muy bueno	Excelente
Espacio	Grande	Pequeño	Muy grande

1. Cierto   Falso   4. Cierto   Falso
2. Cierto   Falso   5. Cierto   Falso
3. Cierto   Falso

Nombre: _____ Fecha: _____

8-29 La luna de miel. Raquel and Ramón are going to Cozumel on their honeymoon, and they have a choice between two hotels. Look at Raquel's chart and listen to her comments on the different hotels. Indicate the hotel she is discussing in each statement.

	HOTEL MIRAMAR	**HOTEL SOL**
Número de habitaciones	135	280
Precio por noche	10.000 pesos	17.000 pesos
Restaurantes	1 restaurante, 1 bar	2 restaurantes, 1 cafetería
Piscinas	2 piscinas	3 piscinas
Servicios	gimnasio	gimnasio, salón de belleza, masajes
Calidad (quality)	***	*****

MODELO: You hear: Este hotel es más barato que el otro.
You write: Es el *Hotel Miramar*.

1. Es el _____. 4. Es el _____.
2. Es el _____. 5. Es el _____.
3. Es el _____.

8-30 La música. Finally, Raquel and Ramón need to choose the music for the reception. You have gathered information about two choices: Orquesta Celeste and Mariachi Veracruz. Look at the chart and tell Ráquel and Ramón orally about the information by comparing the two groups.

	ORQUESTA CELESTE	**MARIACHI VERACRUZ**
Precio	60.000 pesos	45.000 pesos
Calidad	excelente	bueno
Número de músicos	7 personas: 5 músicos, 2 cantantes	4 músicos
Número de canciones (songs)	20 canciones	12 canciones

MODELO: You hear: ¿Qué grupo es más barato?
You say: *El Mariachi Veracruz es más barato que la Orquesta Celeste.*

1. …   2. …   3. …   4. …

4. Comparing people and things: Comparisons of equality (Textbook p. 276)

8-31 ¡Son diferentes! Anita misjudges your friends Guillermo and Héctor; she thinks they are very similar. Listen to her statements and indicate whether she is right by writing **Sí** in the space, or wrong by writing **No** and correcting her statements to make them true. Be sure to follow the structure of the model carefully for the negative answers.

MODELO: You hear: Héctor tiene tanto dinero como Guillermo.
         You write: *No, Héctor tiene más dinero que Guillermo.*

1. _____
2. _____
3. _____
4. _____
5. _____

Nombre: _____   Fecha: _____

8-32 Comparaciones. Read the descriptions of the families of Anita and Ramón and then indicate whether each of the following statements is **Cierto** or **Falso**.

¡Hola! Me llamo Anita. Mi familia es bastante grande: tengo dos hermanos y una hermana. Mi hermana Anabel está casada con Michel. Mi cuñado Michel es muy divertido. Ellos tienen dos hijos; mis sobrinos se llaman Roberto y Carlos. Tengo muchos tíos y tías también, porque mi mamá tiene seis hermanos y mi papá tiene cuatro hermanos. Todos los hermanos de mi mamá y de mi papá están casados y tienen hijos. Tengo muchos primos; veinticinco, en total.

Hola, soy Ramón, y mi familia es pequeña. Tengo sólo una hermana pequeña. Mi hermana está en la escuela secundaria, así que no está casada. No tengo sobrinos; tengo varios tíos y tías. Mi mamá tiene dos hermanas, y mi papá tiene cuatro hermanos. La hermana mayor de mi mamá está casada y tiene un hijo, mi primo Javier. La otra hermana de mi mamá es viuda y tiene una hija, mi prima Irene. Los hermanos de mi papá también están casados. En total tengo ocho primos.

1. La familia de Ramón es tan grande como la familia de Anita.   Cierto   Falso
2. Ramón tiene tantos sobrinos como Anita.   Cierto   Falso
3. El papá de Ramón tiene tantos hermanos como el papá de Anita.   Cierto   Falso
4. Ramón no tiene tantos tíos como Anita.   Cierto   Falso
5. Ramón no tiene tantos primos como Anita.   Cierto   Falso
6. Ramón no tiene tantas hermanas como Anita.   Cierto   Falso

8-33 En las décadas pasadas. Raquel is thinking about how life was when her parents were in college. Complete the following sentences in which Raquel compares life now to life then, using the comparisons of equality: **tanto/a/os/as** or **tan**.

La vida entonces y la vida ahora son un poco diferentes. No había (1) _____ divorcios como ahora, ni (2) _____ problemas con las drogas. Antes tenían (3) _____ enfermedades como ahora. A veces las personas no tenían (4) _____ dinero, pero eran (5) _____ felices como las personas hoy en día. Los jóvenes antes no eran (6) _____ liberales como los jóvenes ahora tampoco. ¡Ah! Muchas cosas han cambiado.

Nombre: _____ Fecha: _____

8-34 ¡Anita también! You and some other friends want to form a band, but you still need another female singer. One of the members wants Raquel to join the band, but you think Anita is as good a choice and should be considered. Listen to the arguments he offers for Raquel, and tell him that Anita can do the same.

MODELO: You hear: Raquel tiene mucho tiempo para practicar.
           You write: Anita tiene *tanto* tiempo para practicar *como* Raquel.

1. Anita sabe _____ canciones _____ Raquel.
2. Anita tiene _____ experiencia _____ Raquel.
3. Anita es _____ bonita _____ Raquel.
4. Anita baila _____ bien _____ Raquel.
5. Anita toca _____ instrumentos _____ Raquel.

5. Comparing people and things: The superlative (Textbook p. 278)

8-35 Ramón, Raquel y Anita. Ramón, Raquel, and Anita live in the same apartment complex. They have all applied for a job as a lifeguard, but only one position is open. Look at the chart below. Then write sentences to compare their physical attributes. Finally, write the name of the person who is best suited for the job.

	RAMÓN	ANITA	RAQUEL
edad	22 años	19 años	20 años
estatura	1 m 85 cm	1 m 72 cm	1 m 55 cm
peso	72 kilos	61 kilos	48 kilos
condición física general	buena	muy buena	excelente

MODELO: Ramón / edad: *Ramón es el mayor.*

1. Anita/edad _____
2. Ramón/estatura _____
3. Raquel/estatura _____
4. Ramón/peso _____
5. Raquel/peso _____
6. Raquel/condición fisica _____
7. Según la información, ¿quién debe conseguir el trabajo? _____

Nombre: _____ Fecha: _____

8-36 El abajeño. Ramón is a writer for a popular food magazine. Each week he selects a restaurant and writes a review in the magazine. Complete Ramón's excerpt with the appropriate words from the list.

> buenísimo   grandísimas   las más caras
> fresquísimos   la mejor   las mejores

Ayer comí en el restaurante El abajeño. En este restaurante sirven (1) _____ comida mexicana de la ciudad. Los vegetales son (2) _____ y los sirven con una salsa deliciosa. El queso es (3) _____, especialmente con los tacos y las fajitas. Las tortillas son (4) _____ de la ciudad. Las quesadillas de pollo son (5) _____, pero son tan buenas que no importa pagar un poco más. Es mejor pedir un plato, porque las porciones son (6) _____ y pueden compartir.

8-37 ¡Mucho más! You and your friends are discussing your favorite things about school. You are really excited about everything this semester. Listen to your friends' comments and agree with them, emphasizing your response with the superlative, as in the example.

MODELO: You hear: La clase de historia es muy interesante.
              You write: *Sí, la clase de historia es interesantísima.*

1. _____
2. _____
3. _____
4. _____
5. _____

Nombre: _____   Fecha: _____

MOSAICOS

A escuchar

Antes de escuchar

8-38 La cultura de su familia. Many Hispanics in the United States and Canada celebrate Hispanic festivities or experience celebrations with a Hispanic flavor. If you come from a bicultural background, you may have a similar experience; otherwise you may have a friend who does. Make a list of celebrations with a different cultural influence that you have either participated in or heard about.

_____
_____
_____
_____
_____

Escuchar

8-39 La historia de mi mamá. You will hear Ramón talk about celebrating a Hispanic Christmas. Listen to him once to get the gist. Then listen again, paying attention to whether Ramón is describing the situation, the background, or the actions that were in progress. Finally, complete the following statements with the appropriate imperfect or preterit form of the verbs in parentheses.

1. La mamá de Ramón _____ a San Antonio cuando _____ joven. (llegar, ser)
2. _____ allí sólo cuatro meses; después _____ a Iowa. (vivir, irse)
3. Allí _____ con el papá de Ramón, y ellos _____ dos hijos. (casarse, tener)
4. Todos los años, ellos _____ la Navidad juntos y _____ una cena tradicional mexicana. (celebrar, tener)
5. Ramón y su hermana siempre _____ regalos dos veces. (recibir)

Después de escuchar

8-40 Las fiestas de sus parientes. Do you remember a story about how your mother or another relative used to celebrate holidays? Write a few sentences about how he/she used to celebrate a specific holiday.

_____
_____
_____
_____

Nombre: _____   Fecha: _____

A conversar

8-41 ¿Qué hizo usted? Now that you have heard about Ramón and his family, he would like to know more about you and how you celebrate. Tell Ramón how you celebrated the last holiday, and compare it with how you used to celebrate the same holiday when you were younger. Give your response orally.

A leer

Antes de leer

8-42 ¿Religiosa, secular o personal? Indicate whether each of these events is a religious, secular, or personal celebration.

1.	Nochebuena	religiosa	secular	personal
2.	Navidad	religiosa	secular	personal
3.	Nochevieja	religiosa	secular	personal
4.	Año Nuevo	religiosa	secular	personal
5.	Día de la Independencia	religiosa	secular	personal
6.	Pascua de Resurrección	religiosa	secular	personal
7.	Aniversario de matrimonio	religiosa	secular	personal
8.	Día de la Madre	religiosa	secular	personal
9.	Januká	religiosa	secular	personal
10.	Día de las Brujas	religiosa	secular	personal
11.	el cumpleaños	religiosa	secular	personal
12.	Día de Acción de Gracias	religiosa	secular	personal
13.	Día de los Muertos	religiosa	secular	personal
14.	Ramadán	religiosa	secular	personal

Nombre: _____ **Fecha:** _____

Leer

8-43 Fiestas de México. Now read the following passage about Mexican holidays and answer the questions that follow.

> Sin duda, México es un país con una naturaleza privilegiada. Si a eso agregamos el carácter amigable de los mexicanos y el gran número de fiestas y celebraciones locales y nacionales, tenemos la imagen de una nación con una riqueza humana y cultural extraordinaria.
>
> En México hay muchos días festivos en los cuales se rinde (*pay*) homenaje a figuras históricas nacionales como a Benito Juárez, el 21 de marzo, o a los santos, como en la celebración de San Antonio Abad, el 17 de enero. También se realizan procesiones religiosas de diversos santos o de la Virgen. Un ejemplo es la visita a la Basílica de la Virgen de Guadalupe, el 12 de diciembre.
>
> Otro ejemplo de la religiosidad del pueblo mexicano es la celebración del Día de los Muertos. Esta ocasión fusiona (*mixes*) creencias precolombinas con ritos católicos. La Navidad se celebra el 25 de diciembre, igual que en el resto del mundo cristiano. Sin embargo (*However*), las Posadas son las festividades religiosas más interesantes. Del 16 al 23 de diciembre, los mexicanos celebran las Posadas, representaciones (*performances*) de la peregrinación de José y María hacia Belén. El 6 de enero, día de la Epifanía, se celebra la fiesta de los Santos Reyes. Ese día los niños mexicanos reciben regalos de los tres Reyes Magos (*the Three Wise Men*).
>
> Otra festividad de gran interés, tanto para niños como para adultos, son las famosas Pastorelas, la expresión más antigua del teatro mexicano. En éstas la figura del diablo adquiere especial relevancia en las magníficas representaciones en plazas públicas, teatros y otros escenarios (*venues*).
>
> Además de (*besides*) ser un país católico, México es una nación de grandes tradiciones históricas. Por ejemplo, el 5 de Mayo, los mexicanos celebran su triunfo sobre los franceses en la batalla de Puebla (1862). El 16 de septiembre, el Día de la Independencia mexicana, conmemora el día en que su héroe nacional, Miguel Hidalgo, dio el Grito de Dolores. Todas estas ocasiones son invitaciones para aprender y disfrutar de la herencia cultural del país.

Write the name or date of each holiday next to the information given.

1. Se celebra el 25 de diciembre. _____
2. Se celebra el 6 de enero. _____
3. Celebra el triunfo en la Batalla de Puebla. _____
4. El Día de la Independencia de México _____
5. La Virgen de Guadalupe _____

Nombre: _____ Fecha: _____

Después de leer

8-44 Tradiciones familiares. Describe two of your favorite family traditions for each of the following holidays.

1. el Día de Año Nuevo

   _____
   _____

2. El Día de la Independencia

   _____
   _____

3. El Día de Acción de Gracias

   _____
   _____

A escribir

Antes de escribir

8-45 Las fiestas. Complete the following with information about your favorite holiday.

nombre de la fiesta: _____

tipo de fiesta (religiosa, secular, personal): _____

qué se celebra: _____

cuándo se celebra: _____

cómo se celebra: _____

Nombre: _____ **Fecha:** _____

Escribir

8-46 De fiesta. Think of the last time you celebrated your favorite holiday. Who was there? Did you follow all the family traditions, or did you do something different? Write a paragraph describing the celebration.

_____
_____
_____
_____
_____
_____
_____
_____
_____

Después de escribir

8-47 Revisión. Did you use the correct verb tenses to describe and narrate? Look over your paragraph and note the verbs that you used for each of these functions. Make a list below.

DESCRIBE	NARRATE
_____	_____
_____	_____
_____	_____
_____	_____

Did you use any superlatives to mention what you liked best? Write the words or expressions you used.

_____
_____

Nombre: _____ Fecha: _____

ENFOQUE CULTURAL

8-48 Cultura y tradiciones mexicanas. Reread the *Enfoque Cultural* section in your textbook (p. 286) and then select whether each statement is **Cierto, Falso,** or **No dice** according to the passage.

1. En México hay muchos tipos de celebraciones y tradiciones.
   Cierto   Falso   No dice

2. El teatro es un aspecto importante de la cultura mexicana.
   Cierto   Falso   No dice

3. La riqueza cultural se debe a los españoles y a los franceses.
   Cierto   Falso   No dice

4. Muchas celebraciones se relacionan con la religión.
   Cierto   Falso   No dice

5. Para los mexicanos, una figura importante es la Virgen de Guadalupe.
   Cierto   Falso   No dice

6. El Día de los Muertos y Halloween son celebraciones muy similares.
   Cierto   Falso   No dice

7. Los niños mexicanos celebran Halloween.
   Cierto   Falso   No dice

8. En México, hay más de 60 lenguas indígenas.
   Cierto   Falso   No dice

9. La artesanía mexicana incluye la cerámica y la pintura.
   Cierto   Falso   No dice

10. La comida mexicana incluye muchos productos regionales.
    Cierto   Falso   No dice

Nombre: _____   Fecha: _____

8-49 Fiestas y tradiciones. Your roommate is originally from Mexico and talks a lot about the traditions that he/she used to celebrate when he/she was young. Visit the *Mosaicos* website and use your textbook to research one of the following celebrations. Then write a brief report, in Spanish, about how your roommate used to celebrate that holiday.

> el Día de los Muertos
> las Posadas
> el Día de los Reyes Magos
> la Semana Santa

Cuando mi compañero/a de cuarto era joven, vivía en México y celebraba varias fiestas especiales...

_____
_____
_____
_____
_____
_____
_____
_____

Nombre: _____ Fecha: _____

REPASO

8-50 Las celebraciones. Look at the pictures and write the name of the holiday or celebration that corresponds to each.

1. _____

2. _____

3. _____

4. _____

5. _____

8-51 Mi día festivo favorito. You have learned a lot about Mexican holidays and celebrations. Now think of your favorite holiday and explain how you celebrated it last year. Then explain how you used to celebrate that holiday when you were a child. Make comparisons, and tell why, in your opinion, it is the best holiday.

_____

_____

_____

_____

_____

_____

Nombre: _____   Fecha: _____

8-52 La Nochevieja en España. Your friend Ramón was in Spain last year over the holidays. Listen to the telephone conversation that he has with his mother about New Year's Eve, and then select **Cierto** if the sentence is true or **Falso** if it is false.

1. Ramón tiene mucho sueño porque no durmió anoche.   Cierto   Falso
2. Ramón y sus amigos se quedaron en casa para la Nochevieja.   Cierto   Falso
3. Ramón comió uvas (*grapes*) a las doce en punto.   Cierto   Falso
4. Ramón las comió porque tenía hambre.   Cierto   Falso
5. Ramón quiere terminar la conversación porque tiene que estudiar ahora.   Cierto   Falso

8-53 Semana Santa. Read the following text about Semana Santa and then answer the questions that follow.

Una de las festividades religiosas más importantes de España es la Semana Santa, que comienza el Domingo de Ramos (*Palm Sunday*) y dura (*lasts*) una semana entera, hasta la Pascua. Cada día salen grupos de personas de distintas iglesias y llevan un *paso*, un tipo de plataforma decorada, con una imagen religiosa. A veces hay una imagen de Cristo en el paso, mientras que otras veces hay una estatua de la Virgen María. Muchas personas participan en la procesión y caminan delante del paso por varias horas. Para algunos, la participación en la procesión es una forma de penitencia (*penance*), pero para otros es simplemente una tradición de la que quieren formar parte.

La ciudad de Sevilla, en el sur de España, tiene la celebración más grande de todo el país. Personas de toda España y de otros países viajan a Sevilla para ver las procesiones de Semana Santa. El mejor día para ver las procesiones es el Jueves Santo (*Holy Thursday*). En este día salen los dos pasos más conocidos de la ciudad: uno que lleva una estatua de la Virgen de Triana, un barrio antiguo de Sevilla, y otro que lleva la Virgen de la Macarena, la patrona de otra iglesia sevillana. Durante la madrugada del Viernes Santo (*Good Friday*), los dos pasos se cruzan enfrente de la catedral de Sevilla. Las calles están llenas de gente que quiere ver los pasos. ¡Es un espectáculo muy emocionante! Algunas personas lloran, y se puede oír a la gente gritando "¡Que viva la Macarena!" o "¡Qué guapa es la Trianera!" y otras cosas similares.

Si usted quiere tener una experiencia única, debe ir a Sevilla para ver las procesiones de Semana Santa.

---

1. El tema de este texto es…
   a. El Carnaval.
   b. Las Vírgenes de Triana y Macarena.
   c. La Semana Santa.

Nombre: _____ **Fecha:** _____

2. Sobre las plataformas hay...
   a. imágenes religiosas.
   b. personas disfrazadas.
   c. sólo estatuas de la Virgen.

3. Mucha gente viaja a Sevilla para ver las procesiones de Semana Santa porque...
   a. pueden participar en las procesiones.
   b. Sevilla tiene la celebración más grande.
   c. es una forma de penitencia para ellos.

4. Los dos pasos más conocidos de Sevilla son...
   a. Cristo y la Virgen de Triana.
   b. las Vírgenes de Triana y la Macarena.
   c. el Domingo de Ramos y Cristo.

5. Para mostrar su emoción, mucha gente...
   a. toca instrumentos.
   b. reza.
   c. llora y grita.

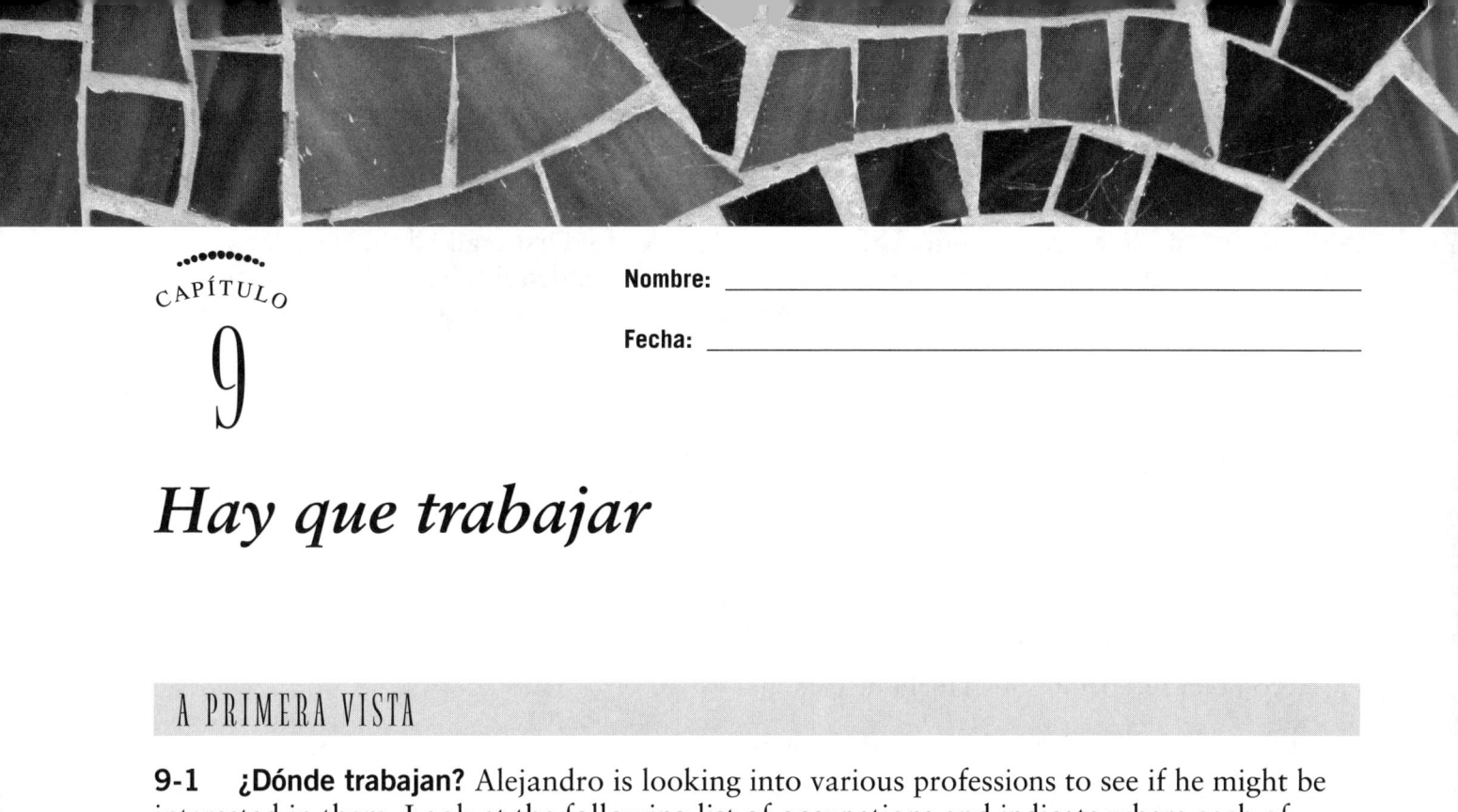

CAPÍTULO 9

Nombre: _____

Fecha: _____

Hay que trabajar

A PRIMERA VISTA

9-1 ¿Dónde trabajan? Alejandro is looking into various professions to see if he might be interested in them. Look at the following list of occupations and indicate where each of these people might logically work.

1. _____ cajero
2. _____ científico
3. _____ enfermera
4. _____ chofer
5. _____ vendedora
6. _____ mujer de negocios

a. en un laboratorio
b. en una limosina
c. en un banco
d. en una tienda
e. en un hospital
f. en una oficina

9-2 ¿A qué se dedica? Alejandro is telling you about what his friends do for a living. Write the name of the profession next to each statement.

1. Ernesto ayuda a las personas con problemas psicológicos y de comprensión humana. Es _____.
2. Erica defiende a las personas con problemas legales enfrente del juez. Es _____.
3. Sergio vende ropa en la tienda Armani Exchange. Es _____.
4. Mario actúa en películas o en la televisión. Es _____.
5. José repara el lavabo y el inodoro. Es _____.

Nombre: _____ Fecha: _____

9-3 Buscando trabajo. Alejandro calls Compañía Salcedo. First read all the questions (1 and 2 on the gist of the conversation, and 3 through 5, on details). Then, listen to the conversation between Alejandro and the representative and select the correct responses.

1. ¿Por qué llama Alejandro a la Compañía Salcedo?
    a. Quiere preguntar sobre un puesto de trabajo.
    b. Quiere hablar con la gerente.
    c. Compró unos electrodomésticos de esta compañía.

2. ¿Con quién habla Alejandro?
    a. con una recepcionista y una vendedora
    b. con una ejecutiva de ventas y una jefa de ventas
    c. con una recepcionista y la jefa de personal

3. ¿Tiene Alejandro experiencia como vendedor?
    a. Sí, hace cuatro años que trabaja como vendedor.
    b. Sí, trabajó como vendedor en el pasado.
    c. No, nunca fue vendedor. Reparaba electrodomésticos y computadoras.

4. ¿Qué necesita Alejandro para solicitar el puesto?
    a. Tiene que llenar una solicitud y entregarla con su currículum.
    b. Tiene que enviar su currículum.
    c. Tiene que ir a entrevistarse esta tarde.

5. ¿La señora Alonso va a entrevistar a Alejandro?
    a. Sí, ella entrevista a todos los solicitantes.
    b. No, necesita sólo el currículum.
    c. En este momento no se sabe.

Nombre: _____ Fecha: _____

🔊 **9-4 Servicios profesionales.** This summer Alejandro has an internship assisting individuals in finding jobs and other professional services. Listen to the following clients' situations and write the name of the professional he can recommend. Note that the masculine form is often used to refer to a person generically, without regard to a specific gender (man or woman).

un abogado	un bombero	un intérprete	un peluquero
un actor	un contador	un locutor	un psicólogo
un arquitecto	un gerente	un médico	un técnico

1. Los señores Hurtado necesitan _____.
2. El señor Taylor necesita _____.
3. La señora Fernández necesita _____.
4. Pepito necesita _____.
5. La señora López Miranda necesita _____.
6. Los señores Álvarez necesitan _____.
7. El señor Ramos necesita _____.

9-5 ¡Ayuda! Read the following people's problems and tell them which professional they need to call to solve the situation. Answer using the masculine form of the noun, with the correct definite article.

1. Me acabo de despertar, y hay un incendio en la casa de enfrente. _____
2. Hay mucha agua en el piso de mi cuarto y del baño. _____
3. Mi pelo está demasiado largo y no tiene forma. _____
4. Hoy tengo que entrevistar a alguien que no sabe español ni inglés. _____
5. Estoy en una tienda de ropa y quiero pagar. _____
6. Tengo algunos problemas con el Servicio de Impuestos Internos (IRS). _____

🔊 **9-6 Su profesión.** As part of your own internship, you attend a session in which professionals come to talk about their jobs. You arrive after the introductions have been made; listen to each of them and guess their profession.

MODELO: Marta Delgado es *ama de casa*.

1. Josefina Pedraza es _____.
2. Roberto Jiménez es _____.
3. Ana Luisa Poey es _____.
4. Reinaldo Vázquez es _____.
5. Rosalía Camacho es _____.

Nombre: _____   Fecha: _____

9-7 Consejero profesional. You have interviewed five women in the office today and are ready to make job recommendations for each one. Listen to the interviews and match each set of job recommendations with the correct person.

1. _____   a. chef, científica o artista
2. _____   b. intérprete, locutora o periodista
3. _____   c. mujer policía, bombera o profesora de educación física
4. _____   d. técnica, electricista o plomera
5. _____   e. psicóloga, doctora o enfermera

9-8 En busca de trabajo. You want to make sure your clients are successful. Tell them orally, in a logical order, the steps they must take to find the right job for their talents.

9-9 Las profesiones. You want to make sure that you can explain each position to your clients. Read the descriptions below and write the name of the profession.

1. Los _____ apagan los incendios y rescatan animales de los árboles.
2. El _____ atiende a los pacientes en el consultorio y les receta medicina.
3. La _____ defiende a los criminales en la corte.
4. Los _____ se preocupan por la seguridad del público y mantienen el orden.
5. El _____ prepara la comida en el restaurante.
6. Una _____ les corta el pelo a sus clientes.
7. Los _____ hablan y presentan las noticias en la radio.
8. Los _____ escriben artículos para los periódicos.
9. La _____ recibe el dinero de los clientes en el banco.

Nombre: _____   **Fecha:** _____

9-10 La entrevista. Look at the puzzle below and identify the following words related to a job search.

currículum solicitud
empleado sueldo
empresa vacante
puesto

i	l	i	e	d	í	r	v	v	u	d	e	o	r	o
v	t	c	n	l	u	a	e	e	a	o	c	u	t	t
a	l	a	l	s	m	s	u	a	d	s	e	e	t	o
c	r	í	t	l	o	o	a	e	r	c	v	a	i	r
a	s	e	r	p	m	e	m	t	d	t	v	a	e	l
n	u	d	o	s	u	p	v	u	í	t	m	l	a	r
t	r	t	c	e	l	e	t	s	c	u	m	o	d	p
e	e	c	s	e	u	i	s	a	o	l	r	c	í	p
l	o	r	a	a	c	e	n	t	í	e	e	d	p	t
e	n	d	r	i	í	e	d	t	o	p	p	i	s	t
u	o	a	l	s	r	s	r	l	o	l	c	e	e	s
c	a	o	d	e	r	c	u	o	n	d	t	u	u	s
t	s	a	a	e	u	c	n	t	i	p	s	p	c	m
m	m	u	a	u	c	s	u	m	u	t	s	a	e	s
l	s	i	a	u	l	i	s	a	s	p	v	o	e	i

Capítulo 9 Hay que trabajar ■ **237**

Nombre: _____   Fecha: _____

EN ACCIÓN

9-11 Antes de ver. In this video segment, Javier, Luciana, Daniel, and Gabi are talking about careers. Before you view the segment, read the descriptions of various professions below and write the name of the corresponding profession, using the masculine form.

1. defiende a los criminales en la corte: _____
2. atiende a los pacientes en el hospital y receta medicinas: _____
3. apaga los incendios: _____
4. actúa en películas y en el teatro: _____
5. prepara la comida en un restaurante: _____

9-12 Mientras ve. As you watch the segment, complete the statements with the most appropriate response.

1. Daniel está leyendo artículos porque quiere encontrar el _____ perfecto.
2. Javier dice que Daniel va a poner su _____ en un sitio de web para solicitar un puesto.
3. Daniel encuentra un _____ para una vacante en la compañía Avanzateq.
4. El padre de _____ también trabaja en Avanzateq.
5. En el futuro, Daniel quiere trabajar como _____.
6. Luciana quiere trabajar como _____.

9-13 Después de ver. As Luciana acts out her desired profession, her friends make various other guesses about what she wants to do, based on her gestures. Look at the following photos and write down a profession that her friends guess for each gesture. Then list some of the steps one should take to find a job in those fields.

profesión: _____

pasos para encontrar un puesto: _____
_____
_____
_____

profesión: _____

pasos para encontrar un puesto: _____
_____
_____
_____

Nombre: _____ **Fecha:** _____

FUNCIONES Y FORMAS

1. Avoiding repetition: Review of direct and indirect object pronouns (Textbook p. 302)

9-14 La Compañía Serfín. Alejandro and his friend Marta are talking about applying for jobs. Read the dialogue; then read the questions that follow. Fill in each blank with one of the following direct object pronouns: *lo, la, los,* or *las*.

MARTA: Hola Alejandro, ¿qué tal?

ALEJANDRO: Muy bien. Estoy buscando trabajo; ahora estoy llenando una solicitud para el puesto de vendedor en la Compañía Serfín.

MARTA: Ah, muy bien. Yo también busco trabajo. Envié mi currículum a la misma compañía.

ALEJANDRO: ¡Qué casualidad! ¿Te llamaron para hacer una entrevista?

MARTA: Sí, tengo la entrevista hoy a las 3:00 de la tarde. ¿Tienes la dirección de la compañía?

ALEJANDRO: Sí, y también tengo el número de teléfono, pero no tengo bolígrafo… ¿tienes uno?

MARTA: Sí, toma.

1. ¿Quién llena la solicitud?

   Alejandro _____ llena.

2. ¿Quién envió el currículum?

   Marta _____ envió.

3. ¿Quién tiene una entrevista a las 3:00 de la tarde?

   Marta _____ tiene.

4. ¿Quién tiene la dirección y el teléfono de la compañía?

   Alejandro _____ tiene.

5. ¿Quién tiene el bolígrafo?

   Marta _____ tiene.

Nombre: _____ **Fecha:** _____

9-15 Alejandro y Marta. Now, read the dialogue again. Then read the statements below and decide if they are **Cierto, Falso** or **No dice**.

MARTA: Hola Alejandro, ¿qué tal?

ALEJANDRO: Muy bien. Estoy buscando trabajo; ahora estoy llenando una solicitud para el puesto de vendedor en la Compañía Serfín.

MARTA: Ah, muy bien. Yo también busco trabajo. Envié mi currículum a la misma compañía.

ALEJANDRO: ¡Qué casualidad! ¿Te llamaron para hacer una entrevista?

MARTA: Sí, tengo la entrevista hoy a las 3:00 de la tarde. ¿Tienes la dirección de la compañía?

ALEJANDRO: Sí, y también tengo el número de teléfono, pero no tengo bolígrafo... ¿tienes uno?

MARTA: Sí, toma.

1. Marta saluda a Alejandro. Cierto Falso No dice
2. Llamaron a Alejandro para una entrevista. Cierto Falso No dice
3. La compañía Serfín paga muy bien. Cierto Falso No dice
4. Marta tiene una entrevista a las 3:00. Cierto Falso No dice
5. Marta le pide la dirección de la compañía a Alejandro. Cierto Falso No dice
6. Alejandro le presta un bolígrafo a Marta. Cierto Falso No dice

9-16 Un día ocupado. Read the paragraph below and determine whether each word in **bold** is a direct object (**objeto directo**) pronoun or an indirect object (**objeto indirecto**) pronoun.

¡Hola! Soy profesora en la universidad y ayer tuve un día bastante ocupado. Primero, (1) **les** envié un correo electrónico a todos mis estudiantes. (2) **Les** recordé que hoy tenían las presentaciones orales y que (3) **las** debían preparar muy bien. Luego, (4) **me** llamó el director del programa y (5) **me** pidió un reporte sobre las actividades del club de español. (6) **Le** dije que ya (7) **lo** tenía listo. Finalmente, corregí los exámenes y las tareas de los estudiantes... ¡Tardé mucho en corregir**los** (8)! ¡Fue un día muy ocupado!

1. objeto directo   objeto indirecto   5. objeto directo   objeto indirecto
2. objeto directo   objeto indirecto   6. objeto directo   objeto indirecto
3. objeto directo   objeto indirecto   7. objeto directo   objeto indirecto
4. objeto directo   objeto indirecto   8. objeto directo   objeto indirecto

2. Avoiding repetition: Use of direct and indirect object pronouns together (Textbook p. 305)

9-17 Qué me recomiendas? Alejandro's younger brother has just started his college semester, and he has many questions about campus life. Answer his questions affirmatively from Alejandro's point of view, using direct and indirect object pronouns together.

Nombre: _____   Fecha: _____

MODELO: Me gusta la idea de estudiar español. ¿Me recomiendas a tu profesor?
Sí, *te lo* recomiendo.

1. ¿Me recomiendas la comida en la cafetería de la universidad?

   Sí, _____ recomiendo.

2. ¿Necesito un buen gimnasio para practicar mis técnicas de fútbol. ¿Qué tal es el gimnasio de la universidad?

   _____ recomiendo 100%. Es fabuloso.

3. Sabes que tengo problemas con la biología. ¿Me recomiendas los grupos de estudio para la clase de biología?

   Son muy útiles. _____ recomiendo.

4. Tengo algunas dudas sobre las hermandades (*fraternities*). ¿Qué piensas de ellas?

   _____ recomiendo.

5. La profesión de abogado me parece interesante. ¿Me la recomiendas?

   Sí, _____ recomiendo.

9-18 ¡Bienvenido! Alejandro is now a new coworker in your office. Everybody has tried to do something to make him feel welcome, and he asks you who did all these things before his arrival. Listen to him and select the appropriate response.

1. a. Sí, se las trajo.   b. Sí, nos la trajo.   c. Sí, te la trajo.   d. Sí, te las trajo.
2. a. Sí, se la puso.   b. Sí, te la puso.   c. Sí, me lo puso.   d. Sí, se las puso.
3. a. Sí, me los hizo.   b. Sí, te los hizo.   c. Sí, nos lo hizo.   d. Sí, se lo hizo.
4. a. Sí, se lo limpiaron.   b. Sí, me lo limpiaron.   c. Sí, te lo limpiaron. d. Sí, te la limpiaron.
5. a. Sí, te lo dio.   b. Sí, te la dio.   c. Sí, se las dio.   d. Sí, se lo dio.
6. a. Sí, te los trajo.   b. Sí, nos los trajo.   c. Sí, te las trajo.   d. Sí, te lo trajo.

9-19 ¿Me ayudas? Alejandro is adapting to his new position, but he needs some help with minor issues related to his work. Listen to his statements and select the appropriate answer.

1. a. Se las puedes llevar a Luis.
   b. Me lo puede llevar a mí.
   c. Se la puedes llevar a Luis.

2. a. Tienes que pedírsela a Clara.
   b. Tienes que pedírmelas a mí.
   c. Tienes que pedírselo a Clara.

3. a. Se los debes pedir a tu secretaria.
   b. Se la debes pedir a tu secretaria.
   c. Se lo debes pedir a tu secretaria.

4. a. Tienes que dárselas al jefe.
   b. Tienes que dárselos al jefe.
   c. Tienes que dárselo al jefe.

5. a. Debes traérmelo a mí.
   b. Debes traérselas a ella.
   c. Debes traérmela a mí.

Nombre: _____ Fecha: _____

9-20 Viaje de negocios. Your boss is going on a business trip and has asked you to prepare certain things. Reassure your boss by letting him know you did all the things he asked. Be sure to answer affirmatively with direct and indirect object pronouns, and follow the model carefully. Note that you should use the **usted** form to address each other.

MODELO: ¿Me preparó usted el informe de gastos? *Sí, se lo preparé.*

1. ¿Nos compró el boleto de avión a mí y a mi secretaria personal? _____
2. ¿Me preparó las fotocopias para la presentación? _____
3. ¿Nos hizo las reservaciones en el hotel? _____
4. ¿Le llevó el informe al gerente de ventas? _____
5. ¿Le dio el nombre de nuestro hotel y el número de teléfono al presidente de la compañía? _____

9-21 ¿Quién lo tiene? Everybody at the office is looking for something that you already gave to someone else. Listen to your coworkers' questions and respond in writing, using the following cues.

MODELO: You hear: ¿Tienes el contrato?
You see: (a Marta)
You write: *No, se lo di a Marta.*

1. (a Alejandro) _____
2. (a ti) _____
3. (a ustedes) _____
4. (a Marta) _____
5. (a usted) _____

9-22 ¿Quién lo hace? Read the following conversations and answer the questions about each dialogue in complete sentences, using the appropriate object pronouns.

MODELO:
MARTA: ¡Hola! Tengo la gripe y me siento fatal.
ALEJANDRO: Lo siento. ¿Puedo hacer algo por ti?
MARTA: Necesito un pañuelo; ¿alguien tiene uno?
ALEJANDRO: Yo no, lo siento.
ROBERTO: Sí, toma. Aquí lo tienes.

¿Quién le da el pañuelo a Marta? *Roberto se lo da.*

Nombre: _____ Fecha: _____

ALEJANDRO: Hola, Patricia. ¿Quieres ir al concierto de Usher?
PATRICIA: ¿Tú vas a ir?
ALEJANDRO: No. Tengo dos entradas, pero no puedo ir porque tengo que trabajar.
ROBERTO: Yo también tengo una entrada para el concierto.
ALEJANDRO: ¿Quieres las entradas, Patricia?
PATRICIA: Sí, claro. Muchísimas gracias.
ROBERTO: ¡Qué bien! Así puedes venir conmigo.
PATRICIA: Lo siento, Roberto, pero voy a ir con mi novio.

1. ¿Quién le da las entradas a Patricia? _____

ALEJANDRO: Hola, chicas. Estoy vendiendo mi auto.
SANDRA: Yo estoy buscando uno.
MARTA: Yo también. ¿Qué auto es?
ALEJANDRO: Es un Camaro del '04, de color rojo. Está como nuevo.
SANDRA: Me encanta. ¿Cuánto pides?
ALEJANDRO: $10.000.
MARTA: ¡Oh! Me encantan los Camaros, pero no tengo tanto dinero.
SANDRA: Me parece un precio excelente. Ese auto tiene que ser para mí.

2. ¿Quién le compra el carro a Alejandro? _____

MARTA: ¡Felicidades, Andrea! Gracias por invitarme a tu fiesta de cumpleaños.
ANDREA: De nada. Espero que te diviertas.
LORENA: Gracias por invitarme a mí también.
ANDREA: Gracias por venir.
MARTA: Tengo un regalo para ti...
ANDREA: Es una billetera; ¡la que yo quería! Muchas gracias. Es preciosa.
LORENA: Yo también tengo un regalo.
ANDREA: ¡Ah! Dos discos compactos de Coldplay. Estupendo, me encantan. Gracias a las dos.

3. ¿Quién le regala a Andrea la billetera? _____
4. ¿Quién le regala a Andrea los CDs? _____

Nombre: _____   Fecha: _____

3. Talking about the past: More on the imperfect and the preterit (Textbook p. 308)

9-23   El nuevo jefe. Alejandro and his friend Luis decide to leave the non-profit organization where they worked, and are now coworkers at a bank. Listen to their conversation once to get the gist. Then listen again, and select the statements that correctly convey what you hear in the conversation.

1. a. Alejandro ya conocía al señor Herrera.
   b. Alejandro conoció al señor Herrera.
2. a. Alejandro dijo que el nuevo jefe tenía mucha experiencia en negocios.
   b. Alejandro dijo que el nuevo jefe aprendió mucho de negocios.
3. a. Luis intentó ir a la reunión pero fue imposible.
   b. Luis no quiso ir a la reunión.
4. a. Esa mañana Luis ya tenía la información sobre la reunión.
   b. Esa mañana Luis recibió la información sobre la reunión.
5. a. El nuevo jefe no quería hablar mucho.
   b. El nuevo jefe tenía la intención de hablar más, pero no pudo.

9-24   El robo. There has been a robbery at the bank, and Mrs. Álvarez, one of the bank officers, is telling the police what various people were doing at the time of the robbery. Match each person with the appropriate action, according to the information you hear.

1. La señora Álvarez _____
2. La secretaria de la señora Álvarez _____
3. La señora Iglesias _____
4. El director _____
5. Luis _____

a. cambiaba un cheque.
b. leía unos documentos.
c. buscaba algo en la computadora.
d. pagaba unas cuentas.
e. hablaba con los señores Martínez.

Nombre: _____ Fecha: _____

9-25 El accidente. Last year, your friend Elizabeth went to Guatemala with an exchange program. Complete the following statements about an experience she had in Guatemala.

1. Cuando Elizabeth estudiaba en la ciudad de Guatemala, _____, una ciudad cerca de la capital.
   a. quería ir a Antigua b. quiso ir a Antigua c. quiere ir a Antigua

2. Elizabeth _____ a Alejandro su primer día en Antigua.
   a. conocía b. conoció c. conoce

3. Alejandro tuvo un accidente, y Elizabeth se enteró cuando su amiga Josefina la _____.
   a. llamaba b. llama c. llamó

4. Elizabeth no _____ la dirección del hospital.
   a. supo b. sabía c. sabe

5. Sin embargo, Alejandro se encontraba muy bien porque tenía muchos amigos que _____ en el hospital.
   a. trabajaban b. trabajaron c. trabajan

9-26 ¿Qué pasó? Now answer the following questions about what happened to Alejandro and Elizabeth.

1. ¿Quién tuvo un accidente?
   a. Elizabeth b. Alejandro c. una amiga de Elizabeth

2. ¿Conocía Elizabeth el hospital?
   a. sí b. no

3. ¿Qué tipo de accidente fue?
   a. un accidente de coche b. No sabemos.

Nombre: _____   Fecha: _____

9-27 ¿Qué tiene la vecina? When you return from work, you learn that one of your neighbors was taken away in an ambulance. The policeman is asking your neighbor's daughter, who was at the house, what happened. Complete their conversation with the appropriate preterit or imperfect form of the verbs in parentheses.

POLICÍA: ¿Qué hora era cuando usted llegó a la casa de su madre?

HIJA: (1) _____ (ser) las siete, más o menos, cuando llegué.

POLICÍA: ¿Quién le abrió la puerta?

HIJA: Mi mamá me (2) _____ (abrir) la puerta.

POLICÍA: ¿Ella le dijo algo?

HIJA: Primero no me (3) _____ (decir) una palabra.

POLICÍA: ¿Por qué?

HIJA: Porque (4) _____ (llorar).

POLICÍA: ¿Qué pasó después?

HIJA: Mi mamá me dijo, "Me siento muy mal. Llama a los paramédicos".

POLICÍA: ¿Y qué hizo usted?

HIJA: (5) _____ (entrar) en la casa y llamé a los paramédicos.

POLICÍA: ¿Qué pasó después?

HIJA: Cuando mi mamá llegó al hospital (6) _____ (estar) muy débil.

POLICÍA: ¡Oh!

HIJA: Casi no (7) _____ (poder) respirar.

POLICÍA: ¿Qué hicieron los médicos?

HIJA: Los médicos le dieron una medicina y le dijeron que (8) _____ (deber) descansar.

POLICÍA: ¿Cómo está su madre ahora?

HIJA: Bien; gracias a Dios, está bien. Ayer por la tarde ya (*already*)

(9) _____ (empezar) a sentirse mucho mejor. Sólo necesitaba descansar.

9-28 Una emergencia. Do you remember the last time someone you know was in an accident or an emergency? Describe the situation, the people who were involved, and the events that happened. Give your answer orally.

Nombre: _____   Fecha: _____

9-29 Una cena especial. Read the following paragraph about Marta and Alejandro and fill in the blanks with the correct preterit or imperfect form of the verb in parentheses.

Marta (1) _____ (leer) una revista en su apartamento cuando Alejandro la (2) _____ (llamar) por teléfono. Alejandro le (3) _____ (preguntar) si ella (4) _____ (querer) cenar en un restaurante con él esa noche. Marta le (5) _____ (decir) que sí, aunque ella (6) _____ (estar) un poco enferma. (7) _____ (ser) las 8:00 cuando (8) _____ (llegar) Alejandro. Ellos (9) _____ (cenar) en un restaurante muy elegante. Mientras ellos (10) _____ (cenar), los dos (11) _____ (hablarse). Los dos (12) _____ (sentirse) muy contentos.

4. Giving instructions or suggestions: Formal commands (Textbook p. 312)

9-30 Consejos. Imagine that you are a counselor, and you meet with some of your clients to try to help them with their job searches. Many of them want to discuss personal issues as well. Read the following problems and choose the most appropriate formal command.

1. Estoy un poco gordo. Quiero bajar de peso, pero no me gusta correr ni hacer ejercicio fuerte.
    a. Camine por las mañanas.   b. Nada en la piscina.   c. Haz dieta.

2. No tengo muchos amigos, y me aburro en las fiestas.
    a. Bailas en todas las fiestas.   c. Hable con todas las personas.
    b. Inviten a una chica especial.

3. Quiero encontrar un buen trabajo.
    a. Estudias mucho.   c. Compre un traje elegante para las entrevistas.
    b. Saca buenas notas.

4. No soy muy buena con las matemáticas, pero quiero trabajar de contadora.
    a. Busque un tutor.   c. Va a las horas de oficina del profesor.
    b. Vas a un grupo de estudio.

5. Mi esposo y yo tenemos muchos problemas. No puedo hablar con él porque siempre discutimos.
    a. Le pides el divorcio.   c. Vayan a un consejero matrimonial.
    b. Habla con él de sus problemas.

Nombre: _____ **Fecha:** _____

9-31 Más consejos. Now, try to get some of your clients back on track by reminding them of the steps they need to take to get a job. Choose the most appropriate verb and write the plural formal command to complete each sentence.

          leer   buscar   visitar   enviar   llenar   ir

1. _____ el periódico.
2. _____ sitios de empleo en Internet.
3. _____ un puesto en los avisos clasificados.
4. _____ un currículum a la empresa.
5. _____ una solicitud.
6. _____ a una entrevista.

9-32 La entrevista. One of your clients, Lidia, followed your advice and now has a job interview. She talks with the receptionist first and then with the interviewer. Listen once, to get the gist of the conversation, and decide whether the first statement is **Cierto, Falso,** or **No dice**. Then listen again and select the correct choice for 2 through 8.

1. La entrevista va bien.	Cierto	Falso	No dice
2. Lidia no tiene que esperar antes de la entrevista.	Cierto	Falso	No dice
3. Lidia tiene mucha experiencia como gerente.	Cierto	Falso	No dice
4. Lidia piensa que está calificada para el puesto.	Cierto	Falso	No dice
5. El sueldo para el puesto no es muy alto.	Cierto	Falso	No dice
6. Lidia dice que no tiene características negativas.	Cierto	Falso	No dice
7. Lidia prefiere trabajar el turno *(shift)* de la noche.	Cierto	Falso	No dice
8. Lidia va a trabajar unos días de prueba.	Cierto	Falso	No dice

9-33 Instrucciones al chef. It is Lidia's first day at the restaurant. First, she wants to talk to the chef. She has made note of some instructions, but she wants to sound professional. Listen to her ideas and help her express them as formal commands. Remember, she will be speaking to only one person.

MODELO: You hear: comprar frutas muy frescas
             You write: Por favor, *compre* frutas muy frescas.

1. Por favor, _____ la cocina bien antes de cocinar.
2. Por favor, _____ mucho las verduras.
3. Por favor, _____ la basura frecuentemente.
4. Por favor, _____ las ensaladas listas.
5. Por favor, no _____ mucho helado.

Nombre: _____   Fecha: _____

9-34 Instrucciones a los meseros. Now Lidia wants to prepare her instructions for the server staff. As in exercise 9-33, listen to her ideas and help her transform them into commands. Remember that in this case she will be speaking to more than one person.

MODELO: You hear: contestar las preguntas de los clientes
         You write: *Por favor, contesten las preguntas de los clientes.*

1. _____
2. _____
3. _____
4. _____
5. _____

9-35 Trabajando en el restaurante. The first day is going well for Lidia, but a young server is asking a lot of questions. Read his questions and write a response. Answer affirmatively with a formal command, using direct object pronouns to avoid repetition.

MODELO: ¿Cierro la puerta de la cocina?

         Sí, ciérrela.

1. ¿Acepto la tarjeta de crédito American Express? _____
2. ¿Llevo un menú a la mesa? _____
3. ¿Abro las ventanas? _____
4. ¿Recojo esos platos? _____
5. ¿Llevo los vasos a la cocina? _____

9-36 Por favor... You plan to travel to Puerto Quetzal for a brief vacation, and you will hire someone to house-sit for you. Leave a note for the house sitter and include at least five formal commands.

MODELO: *Abra las ventanas por la mañana.*

_____
_____
_____
_____

9-37 Su trabajo. Think about your current job or one that you held recently. Talk about the place of work, your position, and the name and position of your boss. Then repeat several commands that your boss typically gives or gave to the employees.

Nombre: _____   Fecha: _____

MOSAICOS

A escuchar

Antes de escuchar

9-38 Carreras posibles. You will hear some advice for pursuing two different careers: accountant and interpreter. Before you listen, brainstorm and make a list of the pieces of advice that you think you might hear.

CONTADOR	INTÉRPRETE
_____	_____
_____	_____
_____	_____
_____	_____

Escuchar

9-39 Consejos profesionales. Listen carefully to the advice given for each profession. Write at least four pieces of advice (in the form of a command) that you hear given for each career.

CONTADOR	INTÉRPRETE
_____	_____
_____	_____
_____	_____
_____	_____

Nombre: _____ Fecha: _____

Después de escuchar

9-40 Una profesión. Now, choose a profession that you are familiar with and write a brief paragraph giving advice to someone who would like to pursue that profession.

_____
_____
_____
_____
_____

A conversar

9-41 El mejor trabajo. Talk about the best job you have ever had. Where did you work? Describe what it was like and the tasks you used to do on a regular basis. How did you find this job? If you no longer work there, why did you decide to leave? What advice can you give to someone who gets the same job in the future?

A leer

Antes de leer

9-42 Anuncios típicos. Think of some typical job ads you have read, and list some of the information that good ads typically include.

_____   _____
_____   _____
_____   _____

Nombre: _____   **Fecha:** _____

Leer

9-43 Los anuncios. Read the following ads, and then give the information requested for each one.

Secretaria ejecutiva bilingüe

Importante empresa minera solicita secretaria ejecutiva bilingüe (español, inglés) con experiencia mínima de 4 años, con conocimientos de procesador de palabras. Indispensable: excelentes relaciones interpersonales y buena presencia.

Interesadas enviar currículum, foto reciente y pretensiones de sueldo a Oficina de Personal Mineral el Teniente, Morandé 938

---

1. puesto: _____
2. experiencia: _____
3. cualidades importantes: _____
4. información que se debe mandar por correo: _____
5. dirección donde se debe enviar la información: _____

Tienda especializada en computadoras y comunicaciones necesita

VENDEDORA

Soltera, menor de 45 años, con experiencia en programación, interés en comenzar una carrera en venta de computadoras y viajar por el extranjero, buena presencia y dinamismo: Se prefiere candidata con conocimiento de idiomas. Enviar currículum vitae con fotografía a:

CONTRATACIONES IBM,
Avenida Costanera 1075, Providencia, Santiago

---

6. puesto: _____
7. límite de edad: _____
8. estado civil: _____
9. requisitos: _____
10. conocimientos que se prefieren: _____
11. documentos que se requieren: _____
12. se debe mandar esta información a: _____

Capítulo 9   Hay que trabajar   ■   253

Nombre: _____ **Fecha:** _____

Después de leer

9-44 Comparaciones. Read the ads one more time and make two lists. First, make a list of information presented in these job ads that is similar to those you might find in an ad in the United States. Second, make a list of requirements or characteristics that are different from those mentioned in a job ad in the United States.

SIMILAR	DIFERENTE
_____	_____
_____	_____
_____	_____
_____	_____

A escribir

Antes de escribir

9-45 En busca de trabajo. You are preparing your resumé to apply for your dream job. Select the five items below that should be included in a resumé.

nacionalidad   dirección de correo electrónico

nombre   historia de salud (*health*)

educación   oficio / ocupación

edad   pasatiempos preferidos

sexo   experiencia

Nombre: _____ **Fecha:** _____

Escribir

9-46 Su profesión ideal. A company has advertised your dream job in the newspaper today. Write a letter to answer their ad, and remember to include the following information:

- the source where you found the ad
- how you meet their job requirements
- why you would be a good candidate for the job (You may wish to describe the personal characteristics that qualify you for this job.)
- any questions you may have

_____

_____

_____

_____

_____

_____

_____

_____

_____

_____

Nombre: _____   Fecha: _____

Después de escribir

9-47 El anuncio. Now write an ad for your dream job. You may wish to use the format and some of the information from the ads in exercise **9-43**.

Nombre: _____   Fecha: _____

ENFOQUE CULTURAL

9-48 Historia y trabajo en Guatemala. Reread the *Enfoque Cultural* section in your textbook (p. 322) and select the answer that best completes each sentence.

1. Las ruinas en Guatemala representan la civilización antigua de los...
   - a. aztecas.
   - b. mayas.
   - c. incas.

2. Uno de los lugares que no se encuentra en Guatemala es...
   - a. Uxmal.
   - b. Tikal.
   - c. Naachtun.

3. Según la lectura, la civilización maya contaba con...
   - a. dentistas.
   - b. carpinteros.
   - c. locutores.

4. La red de caminos de los comerciantes mayas cubría...
   - a. Norteamérica.
   - b. Sudamérica.
   - c. Centroamérica.

5. _____ por ciento de la población guatemalteca actual es indígena.
   - a. Más de 50
   - b. Más de 60
   - c. Más de 70

6. Actualmente, muchos guatemaltecos residen en...
   - a. México.
   - b. El Salvador.
   - c. Estados Unidos.

9-49 El trabajo y las profesiones. Now visit the *Mosaicos* website and read the different employment ads. Then point out the different types of information that may be included or requested in these ads.

_____
_____
_____
_____

Nombre: _____ Fecha: _____

REPASO

9-50 Un puesto nuevo. You had a very busy day looking for a new job. Complete the following paragraph with the appropriate terms from the word bank.

anuncios	peluquería
banco	puesto
consultorio	solicitud
empresa	sueldo
entrevista	ventas

Primero, leí los (1) _____ en el periódico, y encontré un (2) _____ vacante en una buena compañía. Luego, preparé el currículum y llamé a la compañía para arreglar una (3) _____ para las 3:00 de la tarde. Me puse un traje muy profesional y fui a la (4) _____ para cortarme el pelo. Llegué a la empresa un poco temprano y llené la (5) _____ con mucho cuidado. ¡Espero conseguir este trabajo!

9-51 La entrevista de trabajo. You now have a position in human resources, and a job applicant, Eva García, has contacted you to inquire about the application and interview process. Write an e-mail to Eva and include the following information:

- the necessary steps one should take to obtain a position, including what to include on a resumé and to whom it should be sent
- specific instructions about what she should or should not do during an interview, using formal commands

_____
_____
_____
_____
_____
_____
_____
_____

Nombre: _____ Fecha: _____

9-52 Anuncios en la radio. You are listening to the radio and hear an employment ad. Read the following statements. Then listen to the ad and select the answer that best completes each sentence.

1. Isabel Santa Cruz trabaja para _____.
   a. un servicio de transporte
   b. un servicio de inmigración
   c. una agencia de empleo

2. El propósito de este anuncio es dar información sobre _____.
   a. empleos
   b. servicios para inmigrantes
   c. las leyes de tráfico

3. Una persona que _____ debe solicitar el puesto de chofer.
   a. no quiere trabajar en una oficina
   b. es ama de casa
   c. no quiere trabajar mucho

4. Los abogados interesados en el puesto del servicio de inmigración deben _____.
   a. hablar dos idiomas
   b. escribir en español
   c. leer francés

5. Los interesados se pueden comunicar con Isabel Santa Cruz _____.
   a. por computadora
   b. por teléfono
   c. a y b

Capítulo 9 Hay que trabajar ■ 259

Nombre: _____   Fecha: _____

9-53 Anuncios en el periódico. As you read the classified ads in the newspaper, you come across the following ads. Read them and select the answer that best completes each sentence.

PELUQUERÍA LA MIMOSA – Se buscan dos peluqueros para trabajar en una peluquería de alta categoría (*high-end*). Los interesados deben tener por lo menos ocho años de experiencia y deben estar familiarizados con todos los últimos métodos de peluquería. Los interesados deben pedir una solicitud llamando al 89-26-54.

¡RADIO ROCK! ¿Eres una persona extrovertida? Quieres trabajar en un ambiente informal con personas divertidas como tú? ¿Quieres un sueldo magnífico y competitivo? ¿Deseas recibir entradas gratis a todos los conciertos de los mejores cantantes y grupos de rock? ¿Buscas un trabajo con tres semanas de vacaciones al año? Si puedes contester ¡Sí!, a estas preguntas, tenemos el trabajo perfecto para ti. Llama al 94-56-10 o mándanos un e-mail.

HERMANOS GALVÁN ARQUITECTOS Buscamos arquitecto interesado en diseñar edificios modernos en las ciudades más grandes del país. No se necesita experiencia para solicitar el puesto, aunque los arquitectos con experiencia recibirán preferencia. Visite usted nuestra página en la red si desea conocernos mejor. Los interesados deben mandar su curriculum a: Hermanos Galván, c/Aribau 250.

---

1. En la Peluquería La Mimosa, los peluqueros se concentran en _____.
   a. peinados tradicionales   b. personas jóvenes   c. peinados modernos

2. Se puede buscar más información sobre la peluquería _____.
   a. llamando por teléfono   b. en su página electrónica   c. en el periódico

3. Un beneficio que ofrece Radio Rock es _____.
   a. tres semanas de vacaciones al año
   b. entrevistas con los cantantes de rock
   c. cuatro semanas de vacaciones al año

4. Las personas extrovertidas deben solicitar trabajo en _____.
   a. la Peluquería La Mimosa
   b. la compañía de los hermanos Galván
   c. Radio Rock

5. Si una persona quiere diseñar edificios modernos, debe trabajar en _____.
   a. la Peluquería La Mimosa
   b. la compañía de los Hermanos Galván
   c. Radio Rock

CAPÍTULO 10

Nombre: _____

Fecha: _____

¡A comer!

A PRIMERA VISTA

10-1 A comer. Lola is telling you about some of her favorite foods. Match each description with the correct food item.

1. _____ espinaca
2. _____ pimienta
3. _____ uva
4. _____ carne molida
5. _____ aguacate
6. _____ zanahorias

a. Se usa para hacer hamburguesas.
b. Popeye es fuerte porque come este vegetal verde.
c. Se necesita esta fruta para hacer vino.
d. A Bugs Bunny le gustan mucho.
e. Se pone en la mesa con la sal.
f. Se usa para hacer guacamole.

10-2 A la hora de comer. Lola is preparing a vocabulary lesson. Help her by completing the sentences with the correct food type.

1. La zanahoria es _____.
   a. un producto lácteo   c. una verdura
   b. una carne   d. un condimento

2. Los camarones son un tipo de _____.
   a. verdura   c. carne
   b. fruta   d. marisco

3. El pavo es un tipo de _____.
   a. carne   c. postre (*dessert*)
   b. verdura   d. pescado

4. El aderezo es un tipo de _____.
   a. postre   c. pescado
   b. carne   d. condimento

5. Las galletas son un tipo de _____.
   a. pescado   c. postre
   b. marisco   d. verdura

Capítulo 10 ¡A comer! ■ 261

Nombre: _____ Fecha: _____

10-3 ¿Cuáles son los ingredientes? Read the questions below and answer them by writing the most logical item from the word bank.

| el melón | el yogur | el aguacate | el aderezo |
| la langosta | la harina | el pastel | |

1. ¿Cuál es uno de los ingredientes principales de una galleta? _____
2. ¿Cuál puede ser uno de los ingredientes principales de una ensalada de frutas? _____
3. ¿Qué puede incluir un buen desayuno? _____
4. ¿Cuál es uno de los ingredientes principales del guacamole? _____
5. ¿Cuál es un marisco que le gusta a mucha gente? _____
6. ¿Cuál es un postre delicioso? _____
7. ¿Qué se usa como condimento para las ensaladas? _____

10-4 Los ingredientes. Now, look at each of the following dishes and indicate which ingredient should **not** be used to make it.

1. una ensalada de frutas
   - **a.** las uvas
   - **b.** la manzana
   - **c.** la banana
   - **d.** el pollo
2. una sopa de verduras
   - **a.** las zanahorias
   - **b.** la langosta
   - **c.** el maíz
   - **d.** los pimientos verdes
3. una hamburguesa
   - **a.** carne molida
   - **b.** el tomate
   - **c.** la mostaza
   - **d.** el pomelo
4. un pastel de cumpleaños
   - **a.** la mantequilla
   - **b.** los huevos
   - **c.** la pimienta
   - **d.** el azúcar
5. un sándwich
   - **a.** el pavo
   - **b.** el queso
   - **c.** los churros
   - **d.** la lechuga

Nombre: _____ Fecha: _____

10-5 Una cena especial. You and Lola are giving a dinner party tonight. Lola is going to cook and has made a list of the ingredients that she needs. Before you go shopping, Lola checks to see if you already have any of the ingredients. Listen to her and select any items you already have and do not need to buy.

SOPA	ENSALADA
zanahorias _____	lechuga _____
pollo _____	pepino _____
ajo _____	tomates _____
papas _____	aguacate _____
espinacas _____	aderezo _____
cebolla _____	
PASTA	**POSTRE (*DESSERT*)**
camarones _____	fresas _____
espaguetis _____	naranjas _____
crema _____	yogur _____
mantequilla _____	azúcar _____
aceite _____	
pimienta _____	
sal _____	

10-6 Las compras. You have just realized that you do not have enough time to go to the store to buy everything that Lola needs for the dinner. Call another friend to ask for help, and explain that you need certain items for the dinner party. Refer to your list in activity 10-5 and tell your friend all of the items that need to be purchased.

10-7 Los utensilios. Match the correct utensil with each of the following food items.

1. bistec _____
2. sopa _____
3. café _____
4. vino _____
5. pastel _____

a. cuchara
b. cuchillo
c. taza
d. plato
e. copa

10-8 ¿Cómo se pone la mesa? You are setting the table for the dinner, so you ask Lola how to do it properly. She shows you a drawing of a formal setting and explains where everything goes. Find each object she mentions in the drawing, and write its name next to the corresponding number.

1. _____
2. _____
3. _____
4. _____
5. _____
6. _____
7. _____
8. _____
9. _____
10. _____

Nombre: _____   Fecha: _____

10-9 ¿Qué prefiere usted? Read the questions that follow and respond with information about your personal eating habits.

1. ¿Qué desayunó usted hoy?

   _____.

2. ¿Qué desayuna normalmente?

   _____.

3. ¿Qué va a almorzar hoy?

   _____.

4. ¿Qué almuerza normalmente?

   _____.

5. ¿Prefiere cenar en casa o en un restaurante? ¿Por qué?

   _____.

6. ¿Qué prefiere comer de postre?

   _____.

7. ¿Cuál es su bebida favorita?

   _____.

10-10 ¿Dónde se compra? Reread the *A primera vista* section on page 328 in your textbook, and find the answers to the questions in the word search that follows. Answers may be found vertically, diagonally or backwards.

1. ¿Cuál es una fruta cultivada en Ecuador?
2. ¿Qué comida se hace con la leche de oveja?
3. ¿Qué es algo que se vende en los puestos de pasteles?
4. ¿Qué alimento forma una parte importante de la dieta en Chile, Perú y Ecuador?
5. ¿Qué productos se pueden comprar en los mercados para preparar las recetas ecuatorianas?

s	o	c	a	d	c	o
o	a	b	m	u	a	u
c	y	b	y	l	e	q
s	a	u	r	c	u	s
i	p	s	c	e	d	s
r	a	a	s	s	i	c
a	p	o	c	i	s	h
m	i	q	s	a	u	u

Capítulo 10 ¡A comer! ■ 265

Nombre: _____ Fecha: _____

EN ACCIÓN

10-11 Antes de ver. In this segment, Luciana and Javier are going to prepare *pozole*, a typical Mexican dish. Look at the following photos and make a list of some of the ingredients you think might be used.

_____ _____
_____ _____
_____ _____

10-12 Mientras ve. As you watch the segment, select the answers that best complete the following sentences.

1. Luciana le dice a Javier que primero se necesita cocinar...
   a. la cebolla.   b. el ajo.   c. el maíz.

2. Después se pone...
   a. la cebolla y el ajo.   b. los chiles.   c. el aceite.

3. Hay que preparar los chiles en...
   a. ajo.   b. aceite   c. maíz.

4. Luciana piensa usar carne de...
   a. pollo.   b. cerdo.   c. res.

5. No pueden usar la carne porque...
   a. Luciana la come.   b. Se cae en el piso.   c. A Javier no le gusta la carne de cerdo.

6. Javier va a buscar carne en la casa de...
   a. Gabi.   b. Daniel.   c. la abuela.

7. Javier recoge...
   a. cerdo.   b. pollo.   c. pescado.

8. Al final, Luciana está contenta porque Daniel llega con...
   a. carne de cerdo.   b. tacos y otra comida.   c. pozole.

Nombre: _____   Fecha: _____

10-13 Después de ver. Now that you have viewed the segment, do you remember what everyone did? Select the name of the person who carried out each action.

1. Pone los chiles en el aceite.   Luciana   Gabi   Javier   Daniel
2. Prueba la carne de cerdo.   Luciana   Gabi   Javier   Daniel
3. Trae tacos y quesadillas.   Luciana   Gabi   Javier   Daniel
4. Va a la casa de la abuela.   Luciana   Gabi   Javier   Daniel
5. Habla por teléfono con Luciana.   Luciana   Gabi   Javier   Daniel
6. Se le cae la carne de cerdo en el piso.   Luciana   Gabi   Javier   Daniel

Nombre: _____ Fecha: _____

FUNCIONES Y FORMAS

1. Stating impersonal information: *se* + verb constructions (Textbook p. 336)

10-14 ¿Cómo se prepara? Lola would like to know how to prepare scrambled eggs. Fill in the spaces below with the correct verbs to complete the instructions.

se agrega	se disfrutan	se pone
se baten	se fríen	se sirven

1. Primero, _____ los huevos con leche.
2. Segundo, _____ sal y pimienta.
3. Luego, _____ la margarina en el sartén.
4. Después, _____ los huevos en el sartén.
5. _____ los huevos con pan tostado.
6. Finalmente, ¡_____!

10-15 Su receta favorita. Following the structure of activity 10-14, tell Lola the steps to follow to prepare your favorite food or beverage.

1. _____
2. _____
3. _____
4. _____
5. _____
6. _____

Nombre: _____   Fecha: _____

10-16 ¡Vamos a adivinar! At Lola's dinner party, you and your friends decide to play some games. Your friends will give you clues about what people usually do in a certain place and you must guess where they might be. Listen carefully to the descriptions and choose the appropriate place from the list below.

MODELO: You hear: Estoy en un lugar donde se come y se bebe por poco dinero. También se conversa con los amigos. Normalmente se viene aquí entre clases. ¿Dónde estoy?

You write: *la cafetería*

el comedor de la casa   la biblioteca   la discoteca
el mercado   la playa   la cocina de un restaurante

1. _____
2. _____
3. _____
4. _____
5. _____
6. _____

10-17 ¿Qué se hace? Read the following descriptions of the activities that are carried out in different locations; then conjugate the verbs using the *se* construction to complete the sentence.

1. _____ (almorzar) en la cafetería.
2. _____ (preparar) la comida en la cocina.
3. _____ (servir) la cena en el comedor.
4. _____ (añadir) azúcar al café para hacerlo más dulce.
5. _____ (poner) la mesa antes de servir la comida.
6. _____ (lavar) los platos después de comer.
7. _____ (beber) las bebidas frías en la terraza.
8. _____ (disfrutar) el postre después de la comida.
9. _____ (comer) bien en la casa de la abuela.

Nombre: _____ Fecha: _____

10-18 En la casa de Lola. Listen as Lola tells you about the daily eating and drinking habits at her home. Then read the statements below and indicate whether the information is **Cierto, Falso,** or **No dice**.

En la casa de Lola...

1. se prepara el desayuno temprano.
   Cierto   Falso   No dice
2. se almuerza a las 11:00 de la mañana.
   Cierto   Falso   No dice
3. se sirve la comida a la 1:00 de la tarde.
   Cierto   Falso   No dice
4. se lavan los platos en el fregadero.
   Cierto   Falso   No dice
5. se toma café en la terraza por la tarde.
   Cierto   Falso   No dice
6. se prepara la cena a las 10:00 de la noche.
   Cierto   Falso   No dice

10-19 En casa. Lola has told you about her family's habits. Now, write a paragraph describing your family's general habits for her. Use the expressions from the list below and any others you wish to add.

almorzar	poner la mesa
cenar	preparar la comida
desayunar	tomar
lavar los platos	

MODELO: *En mi casa se almuerza a la una de la tarde.*

_____
_____
_____
_____
_____

2. Talking about the recent past: Present perfect and participles used as adjectives (Textbook p. 339)

10-20 ¿Quién lo ha dicho? Read the following statements, and match them with the people from the list who might have said them.

1. _____ He tenido muchos problemas con mi rodilla, y no he podido jugar al golf durante los últimos dos meses.
2. _____ He visitado varios países para hablar con sus representantes.
3. _____ He tenido una gira (*tour*) de conciertos, y estoy muy cansado. Han sido dos meses muy difíciles.
4. _____ He viajado a Ecuador para terminar de rodar (*film*) una película.
5. _____ He preparado muchos platos deliciosos en mi programa de televisión.

a. Usher
b. El presidente de Estados Unidos
c. Tiger Woods
d. Rachael Ray
e. Mel Gibson

10-21 El día de Mariana. You have not seen Lola's roommate Mariana all day, so you ask Lola what has happened. Listen to Lola once; then look at the activities below and number them in the order Mariana completed them. You may listen to Lola again to check or complete your answers.

_____ a. ha comido sólo frutas
_____ b. ha visto su programa favorito en la televisión
_____ c. ha desayunado poco
_____ d. ha hablado por teléfono con su novio
_____ e. ha escrito una carta a una amiga
_____ f. ha decidido quedarse en su apartamento
_____ g. ha llamado a su madre
_____ h. se ha acostado temprano para dormir
_____ i. se ha acostado para leer y descansar
_____ j. ha lavado los platos

Nombre: _____ **Fecha:** _____

10-22 ¿Es usted una persona activa? Take a look at the following list of activities, and explain the kind of person you are by writing the things you have or have not done this semester.

    ir a muchas fiestas   participar en un grupo de estudio

    practicar deportes frecuentemente   viajar a algún lugar

    comer en restaurantes diferentes   salir con los amigos frecuentemente

    ir a un concierto   leer muchos libros

_____
_____
_____
_____
_____
_____
_____

10-23 Todos somos diferentes. Your Spanish instructor would like to get to know you a little better. Talk about four of the activities you have participated in recently.

10-24 Más preguntas. Your instructor is getting to know you better, but still has a few questions. Answer his/her questions in complete sentences, and remember to use the present perfect tense.

1. ¿Ha estudiado usted otro idioma? ¿Cuál?

_____

2. ¿Ha viajado a otro país? ¿A cuál?

_____

3. ¿Ha trabajado en una oficina? ¿En qué puesto?

_____

4. ¿Ha visto una película en el cine recientemente? ¿Cuál?

_____

5. ¿Ha escrito un poema o una canción? ¿Sobre qué tema?

_____

6. ¿Ha hecho algo interesante esta semana? ¿Qué?

_____

Nombre: _____   Fecha: _____

10-25 Los hispanos en el béisbol. Lola is a huge baseball fan. Complete the following paragraph with the correct form of the verbs in the present perfect to learn about the contributions and accomplishments of Hispanics in baseball.

> hacer   desear   participar   ser   tener   sufrir

Los hispanos (1) _____ en las Grandes Ligas (*Major Leagues*) por muchos años. Varios hispanos (2) _____ mucho éxito en el béisbol. Por ejemplo, Sammy Sosa (3) _____ más de 300 cuadrangulares (*home runs*). El cubano Orlando Hernández es un jugador excelente, aunque (4) _____ mucho a causa de los problemas con su codo (*elbow*). Roberto Alomar siempre (5) _____ ser tan famoso como su padre y su hermano. Los tres (6) _____ muy buenos jugadores de las Grandes Ligas.

10-26 Después de la cena. You all had a great time at Lola's dinner party, but now Lola's apartment is quite a mess! Complete the sentences with the appropriate words to describe the condition of the apartment after the dinner party. You may need to change the word form to make it fit the context.

> abierto   desordenado   encendido   roto

MODELO: La puerta está *abierta*. Nos olvidamos de cerrarla.

1. Las cortinas están _____. Tenemos que repararlas.
2. Las ventanas están _____. Por favor, ¡ciérralas!
3. El apartamento está _____. Vamos a repartirnos el trabajo de ordenarlo.
4. El televisor está _____. Tenemos que apagarlo.

3. Giving instructions in informal settings: Informal commands (Textbook p. 344)

10-27 En la universidad. Lola is going to be taking some classes at your university this summer. Give her some general advice by matching each informal command with the appropriate location.

1. Escucha al profesor _____
2. No hables _____
3. Baila _____
4. Come _____
5. Nada _____

a. en la cafetería.
b. en la discoteca.
c. en clase.
d. en la piscina.
e. en la biblioteca.

Nombre: _____   Fecha: _____

🔊 **10-28 Una cena con amigos.** Since Lola's dinner party was so great, you now want to give your own. Listen to the instructions that Lola gives you and select all of the items on the list below that she mentions.

_____ hacer las camas

_____ limpiar la cocina

_____ ir al supermercado

_____ poner la mesa

_____ salir a cenar

_____ cocinar la comida caliente

_____ hablar con tus invitados

_____ ordenar la cocina

_____ divertirse

10-29 ¡No hay tiempo! You realize that there is not enough time to complete all of the instructions that Lola has given you. Choose a few of the items from the list in activity **10-28** as well as others you might think of, and tell your roommate a few specific things that he/she must do to help you prepare for the dinner party. Remember to use informal commands.

10-30 La dieta de Lola. Lola has been gaining some weight lately, so she asks you for some nutritional advice. Choose the correct form of the informal command to complete the sentences.

1. (Come / No comas) muchas grasas y carbohidratos.

2. (Controla / No controles) tu consumo de alimentos con azúcar.

3. (Haz / No hagas) ejercicio frecuentemente.

4. (Sal / No salgas) a cenar en restaurantes frecuentemente.

5. (Bebe / No bebas) bebidas alcohólicas.

6. (Duerme / No duermas) más de cuatro horas por la noche.

Nombre: _____   Fecha: _____

10-31 Con más detalle. Lola understands your advice, but would like you to be a little more specific. Read the sentences below and conjugate the verbs in the correct form of the informal command to give Lola some more advice for being healthy and active.

1. _____ (beber) ocho vasos de agua al día.
2. _____ (comer) muchas frutas y verduras.
3. No _____ (comer) en los restaurantes de servicio rápido.
4. _____ (hacer) ejercicio tres veces por semana.
5. _____ (evitar) la cafeína y el estrés.
6. No le _____ (poner) mucha sal a la comida.
7. _____ (venir) conmigo al gimnasio.
8. No _____ (beber) muchos refrescos.

10-32 Instrucciones. It is almost time for the dinner party, and your roommate is too busy to help. Luckily, Lola has offered to help while you are in class. Write her a note using informal commands, and tell her all the things you still need her to do to make sure that the apartment and the food are ready.

_____
_____
_____
_____
_____
_____
_____

Nombre: _____   Fecha: _____

4. Talking about the future: The future tense (Textbook p. 348)

10-33 Después de graduarse. You are curious about Lola's future plans. Complete your dialogue with the appropriate questions from the list below.

¿Cuándo te graduarás?   ¿Vivirás en Ecuador?

¿Qué harás después de graduarte?   ¿Qué tipo de trabajo harás?

¿Te casarás?

USTED: Lola, ¿piensas mucho en el futuro?

LOLA: Un poco. Tengo algunos planes, claro.

USTED: (1) _____

LOLA: Dentro de un año.

USTED: (2) _____

LOLA: Buscaré un trabajo.

USTED: (3) _____

LOLA: No sé… viviré cerca de mi trabajo.

USTED: (4) _____

LOLA: Quiero un trabajo de profesora de español en una escuela.

USTED: (5) _____

LOLA: Sí, dentro de unos años. Mi novio y yo queremos hacer una carrera primero.

USTED: Tienes muchos planes interesantes. Mucha suerte con todo.

LOLA: ¡Gracias!

10-34 Planes para mañana. You, Lola, and Mariana are making plans for tomorrow. Listen to Mariana as she explains what you all will do; then read the list of activities and indicate who will be doing each one.

1. levantarse temprano   Mariana   Lola   tú   todas (nosotras)
2. ir de compras   Mariana   Lola   tú   todas (nosotras)
3. salir de la casa a las 9:30 Mariana   Lola   tú   todas (nosotras)
4. limpiar la casa   Mariana   Lola   tú   todas (nosotras)
5. preparar la comida   Mariana   Lola   tú   todas (nosotras)
6. cocinar una receta nueva   Mariana   Lola   tú   todas (nosotras)
7. cenar en un restaurante   Mariana   Lola   tú   todas (nosotras)

Nombre: _____   Fecha: _____

10-35 Una semana ocupada. You, Mariana, and Lola will have a busy week this week. Complete each sentence with the corresponding verb.

asistirá   haré   prepararán   tendremos
descansaré   iremos   saldrá

1. El lunes, Mariana _____ a la clase de astronomía.
2. El martes, Mariana y Lola _____ una receta nueva.
3. El miércoles, nosotros _____ tiempo libre para descansar un poco.
4. El jueves, yo _____ una presentación oral en la clase de español.
5. El viernes, Lola _____ a cenar con su novio.
6. El sábado, Mariana y yo _____ al cine.
7. El domingo, yo _____ todo el día.

10-36 ¿Y qué más? What else will you do this week? Talk about your specific plans, and remember to use the future tense.

10-37 Una carta de la abuela. Lola receives a letter from her grandmother, so she reads it to you. Complete the letter with the appropriate form of the verbs in the future tense.

Querida Lola:

Me pregunto muchas veces cómo (1) _____ (ser) tu vida dentro de unos cuantos años. Todo (2) _____ (depender) en gran parte de ti. Sé que (3) _____ (estudiar) mucho hasta terminar tu carrera. Después de tu graduación (4) _____ (empezar) a trabajar, y probablemente (5) _____ (casarse) con Andrés. Seguramente ustedes (6) _____ (tener) hijos, pero con hijos o sin ellos, la vida te (7) _____ (dar) alegrías y tristezas. Te conozco bien, y estoy segura de que siempre (8) _____ (ayudar) a las personas en tu alrededor y (9) _____ (hacer) todo lo posible para mejorar su vida.

Un beso,

Abuelita

Nombre: _____   Fecha: _____

10-38 En el año 2050. Do you think life in the future will be very different? Write five sentences explaining what you think life will be like in the year 2050, and use verbs from the list in the future tense.

      estar   ir   poner   tener   viajar

      hacer   poder   salir   ver   vivir

MODELO: *En el año 2050 no habrá que pagar impuestos (taxes).*

1. _____
2. _____
3. _____
4. _____
5. _____

Nombre: _____ Fecha: _____

MOSAICOS

A escuchar

Antes de escuchar

10-39 El viaje de Mariana. Mariana is planning to travel back to Ecuador this summer. What do you think she will do? Make a list of your predictions.

En Ecuador, Mariana

comerá...	beberá...	visitará...
_____	_____	_____
_____	_____	_____
_____	_____	_____

Escuchar

10-40 Un viaje a Ecuador. Mariana is going to tell you about the plans for her trip to Ecuador. Listen once and take notes separately to record relevant details. Then listen again, and select the answers that best complete the sentences below.

1. Mariana no visitará...
   a. Guayaquil.
   b. las Islas Galápagos.
   c. Quito.

2. Mariana comerá...
   a. cocido.
   b. humitas.
   c. salteñas.

3. Mariana beberá...
   a. vino.
   b. agua mineral.
   c. agua de coco.

4. Mariana también viajará a...
   a. Bolivia.
   b. Argentina.
   c. Chile.

5. Mariana irá...
   a. al cine.
   b. al teatro.
   c. a la playa.

6. Mariana no...
   a. se divertirá.
   b. se cansará.
   c. se aburrirá.

Nombre: _____ Fecha: _____

Después de escuchar

10-41 En el viaje a Ecuador. You have learned a lot about Ecuador in this chapter. What else do you think Mariana will do during her trip to Ecuador? Write three complete sentences giving your response.

1. _____
2. _____
3. _____

A conversar

10-42 Mis decisiones y planes para el futuro. You will need to make a lot of decisions and plans for your future after graduation. Talk about some specific things that you will do both after you graduate and in the more distant future. Explain how or why you made these decisions.

A leer

Antes de leer

10-43 Ingredientes de la comida hispana. How much do you know about Hispanic foods? Look at the following foods and select, based on your knowledge, the ones that are typical Hispanic foods.

_____ tortillas   _____ tacos
_____ papas   _____ hamburguesas
_____ arroz   _____ pavo
_____ pasta   _____ mariscos

280 ■ *Mosaicos* Student Activities Manual

Nombre: _____ Fecha: _____

Leer

10-44 La cocina hispana. Read the following article and then indicate whether the sentences below are **Cierto, Falso,** or **No dice** according to the passage.

La cocina en el mundo hispano

La cocina variada del mundo hispano posee varias características semejantes, heredadas de la cocina de España. La cocina española se caracteriza por el uso del arroz y el azafrán, los mariscos y pescados y el ajo. Se dice que el plato clásico nacional español es el cocido (*stew*). Sin embargo, este varía de región a región e incluso recibe nombres diferentes. En España las numerosas cordilleras y valles contribuyen a la división del país en distintas regiones que mantienen sus propias costumbres y tradiciones, incluidas las culinarias. Se puede afirmar, entonces, que una de las características más importantes de la cocina española es su variedad. Uno de los placeres (*pleasures*) de viajar por España es la oportunidad de probar platos diferentes en cada lugar.

Con la colonización de América, la cocina española pasa a este continente también. Se pone en contacto con la cocina de las distintas culturas indígenas y sufre un proceso de adaptación. En primer lugar, muchos de los ingredientes de los platos españoles no existen en América; esto obligó a los españoles a sustituir estos ingredientes por otros semejantes. En segundo lugar, los españoles probaron los platos típicos de las culturas indígenas —preparados con productos desconocidos en Europa, como el maíz, la papa y el tomate— y estos platos influyeron en la cocina española.

Si en España la topografía influyó en la diversidad culinaria del país, el mismo fenómeno, pero en una escala mucho mayor, ocurrió en América. La existencia de diferentes pueblos indígenas con una gran variedad de culturas y las barreras naturales formadas por ríos, montañas, selvas y desiertos contribuyeron a la división y subdivisión del mundo hispanoamericano. Dentro de cada una de estas comunidades va a desarrollarse una cocina con características propias, y aunque se habla de una comida mexicana, colombiana, ecuatoriana, etcétera, lo cierto es que las diferentes regiones de estos países tienen, hasta cierto punto, su propia cocina.

Entre las cocinas hispanoamericanas, la cocina mexicana goza de una gran fama mundial. Uno de sus platos más típicos, la tortilla, se remonta a la época de los aztecas. Hoy en día hay máquinas que hacen las tortillas, pero en algunos lugares apartados, muchas mujeres todavía preparan y cocinan las tortillas con los mismos utensilios que se usaban hace más de dos siglos. Como en América no existía el trigo (*wheat*), la tortilla era para los aztecas algo similar al pan para los europeos. Pero además, las tortillas se usaban como cubiertos (*eating utensils*), ya que los aztecas no conocían esos instrumentos. Se colocaban pedacitos de carne o frijoles sobre las tortillas, se enrollaban y se comían. Estos platos son, con algunas variaciones, los tacos y las enchiladas bastante bien conocidos en Estados Unidos.

Cuando los españoles llegaron a América del Sur, el Imperio Inca se extendía desde Ecuador hasta la parte norte de Chile. La papa era entonces, y todavía es, un elemento

Nombre: _____ Fecha: _____

> básico en la dieta de estas regiones. Una gran variedad de platos, como las papas chorreadas de Colombia y las papas a la huancaína de Perú, constituyen un ejemplo más de la unión de la cocina española y la indígena: la papa, producto americano, y el queso, que los españoles les enseñaron a preparar a los indios.
>
> Más al sur, Chile y Argentina ofrecen dos tipos de cocinas diferentes. En las costas de Chile existe una riqueza extraordinaria de pescados y mariscos debido a la corriente fría del Pacífico. Se puede decir que Chile es el país hispanoamericano que consume más productos del mar. En cambio, en Argentina la carne es el producto básico, pues la pampa, esa gran extensión de tierra llana y fértil, constituye el medio ideal para el desarrollo de una ganadería (*cattle*) de primera calidad.
>
> Las comidas de los pueblos son parte de su cultura. La variedad y la calidad de la cocina de España e Hispanoamérica muestran un aspecto más de la riqueza de la cultura hispana.

1. La cocina de América tiene mucho en común con la española.

   Cierto   Falso   No dice

2. La cocina española tiene influencia de otros países europeos.

   Cierto   Falso   No dice

3. Se dice que el cocido es el plato nacional de México.

   Cierto   Falso   No dice

4. Es evidente que la topografía española influye en la cocina del país.

   Cierto   Falso   No dice

5. Al llegar los españoles a América, la cocina de los españoles se vio influenciada por la de las culturas indígenas.

   Cierto   Falso   No dice

6. Se puede afirmar que la cocina hispanoamericana es una sola.

   Cierto   Falso   No dice

7. La tortilla de maíz es de origen español.

   Cierto   Falso   No dice

8. Un plato típico del Ecuador son los mariscos.

   Cierto   Falso   No dice

9. Los españoles trajeron la papa a América.

   Cierto   Falso   No dice

10. La carne es un producto importantísimo en la cocina de Argentina.

    Cierto   Falso   No dice

Nombre: _____ Fecha: _____

Después de leer

10-45 ¿Qué país? Now that you have learned a lot about Hispanic food, match the appropriate country to the food with which it is best associated.

1. carne _____
2. papas _____
3. mariscos _____
4. tortillas _____
5. cocido _____

a. México
b. Chile
c. España
d. Colombia
e. Argentina

A escribir

Antes de escribir

10-46 La comida americana. Do you think food in the United States is similar to Hispanic food? List some of the foods that are typical of a North American diet.

_____
_____
_____
_____
_____
_____
_____
_____
_____

Nombre: _____ Fecha: _____

Escribir

10-47 Comparación. Lola's grandmother, Carmen, would like to learn more about food in the United States. Write a letter to Carmen explaining what some typical meals are in the United States and how these are similar to and different from Hispanic foods. For example, you might compare ingredients, methods of preparation, healthfulness, and so on.

_____
_____
_____
_____
_____
_____
_____
_____
_____
_____
_____
_____

Después de escribir

10-48 La receta. Carmen is very interested in your description of foods in the United States, and she would like to try one of the meals. Tell her the name of your favorite meal and give her the recipe, so that she can try it.

_____
_____
_____
_____

ENFOQUE CULTURAL

10-49 Ecuador: Alimentación y salud pública. Reread the *Enfoque Cultural* section in your textbook (p. 358) and select the answer that best completes each sentence.

1. En la región de la costa de Ecuador se cultiva...
   - a. maíz.
   - b. aceite de palma.
   - c. aceite de oliva.

2. Además, se cultivan muchas frutas como...
   - a. la manzana.
   - b. la naranja.
   - c. el limón.

3. Los campesinos producen una gran cantidad de comida como...
   - a. el pollo.
   - b. la cebolla.
   - c. el aguacate.

4. La región amazónica produce principalmente...
   - a. carne de res.
   - b. carne de cerdo.
   - c. mariscos.

5. En el puerto de Manta se pesca mucho...
   - a. camarón.
   - b. atún.
   - c. huachinango (*red snapper*).

6. Uno de los productos más importantes de la acuicultura de Ecuador es el...
   - a. camarón.
   - b. atún.
   - c. huachinango.

7. Una cuarta parte de la población ecuatoriana tiene problemas de...
   - a. desempleo.
   - b. desventaja.
   - c. desnutrición.

8. Muchos de estos problemas son la consecuencia de...
   - a. las costumbres.
   - b. el clima.
   - c. la pobreza.

9. Según las estadísticas, los ecuatorianos tienen _____ comidas diarias.
   - a. dos
   - b. tres
   - c. cuatro

Nombre: _____ Fecha: _____

10-50 La cocina ecuatoriana. Visit the *Mosaicos* website and look for two recipes for typical dishes from Ecuador. Write down the names of the dishes as well as the names of the main ingredients.

Cocina ecuatoriana

plato: _____

ingredientes: _____

_____

_____

_____

plato: _____

ingredientes: _____

_____

_____

_____

Nombre: _____ **Fecha:** _____

REPASO

10-51 Una comida con los amigos. You are preparing lunch for some of your friends. Answer each question with one of the words below.

> agua mineral   pastel   plátano
> legumbres   pavo   servilletas

1. Además de (*besides*) los platos y los cubiertos, ¿qué pondrá usted en la mesa? _____
2. Para preparar una ensalada de frutas, ¿qué fruta incluirá? _____
3. Algunos de sus amigos son vegetarianos. ¿Qué les servirá usted? _____
4. ¿Qué les servirá a sus amigos que comen carne? _____
5. Usted tiene que preparar un postre también. ¿Qué postre preparará? _____
6. Finalmente, tiene que servir algo de beber. ¿Qué bebida servirá? _____

10-52 Antes de la comida. Lola and Mariana have agreed to arrive early to help you prepare for the lunch. Write them a note and mention five things they should do. Remember to use informal commands.

_____
_____
_____
_____
_____
_____
_____
_____

Nombre: _____ **Fecha:** _____

10-53 Un picnic con los amigos. Your friend Lola is organizing a picnic, and she calls Mariana to tell her the plans. Read the sentences below and listen to the message that she leaves for Mariana. Then indicate whether or not the statements are **Cierto, Falso,** or **No dice.**

1. Tendrán el picnic en el campo.

    Cierto   Falso   No dice

2. Lola llevará el postre.

    Cierto   Falso   No dice

3. Saldrán del Centro Estudiantil a las nueve y cuarto.

    Cierto   Falso   No dice

4. Mariana debe llevar frutas al picnic.

    Cierto   Falso   No dice

5. Además de comer, nadarán en la playa.

    Cierto   Falso   No dice

6. Habrá tiempo para jugar al voleibol también.

    Cierto   Falso   No dice

7. Mariana debe llevar un suéter porque hará fresco por la tarde.

    Cierto   Falso   No dice

Nombre: _____   **Fecha:** _____

10-54 Arroz con pollo. Read the recipe for preparing arroz con pollo and then complete the sentences that follow.

Ingredientes:

sal al gusto

3 cucharadas de aceite de oliva

1 chorizo

3 libras de pollo picado y sin huesos

6 tazas de caldo básico de pollo

3 tazas de arroz lavado

4 ajíes criollos (opcional)

3 cebollas de huevo partidas y picadas

4 dientes de ajo

1 cucharada de pimienta negra en pepas

1 cucharadita de tomillo molido

1 cucharadita de orégano molido

1 taza de pasta de tomate

1 taza de alcaparras (*capers*) picadas con su vinagre (opcional)

1 unidad de pimentón verde o rojo en tiritas

Preparación:

Se calienta el aceite en una olla grande.

Se asan los ajos. Se agregan las presas de pollo, y se dejan dorar (*brown*) un poco; se añade el chorizo desmenuzado (*ground*) y se deja cocinar unos minutos. Luego se ponen los pimentones, la cebolla, los ajíes, las hierbas, sal y pimienta. Se revuelve todo y se deja conservar por unos minutos.

Se añade el arroz y el caldo con la pasta de tomate disuelta, se deja cocinar a fuego alto hasta que empiece a secar, y se agregan las alcaparras. Se tapa, se baja a fuego lento y se deja acabar de secar al gusto.

Se sirve con ensalada fresca y plátano maduro frito.

Nombre: _____   Fecha: _____

1. _____ es uno de los ingredientes del arroz con pollo.
   a. El broculí   **b.** La cebolla   **c.** El aguacate

2. Se necesitan _____ tazas de arroz.
   a. dos   **b.** tres   **c.** cuatro

3. También se incluye una pasta de _____
   a. queso.   **b.** ajo.   **c.** tomate.

4. Primero, se agrega el pollo; luego se añade _____
   a. el ajo.   **b.** el chorizo.   **c.** el aceite.

5. Después de taparlo, se deja cocinar a fuego _____
   a. alto.   **b.** lento.   **c.** mediano.

6. Se sirve con _____
   a. postre.   **b.** vino.   **c.** ensalada.

Nombre: _____

Fecha: _____

Appendix

Stress and written accents in Spanish

Rules for Written Accents

The following rules are based on pronunciation.

1. If a word ends in *n*, *s*, or a vowel, the penultimate (second-to-last) syllable is usually stressed.

    Examples: ca**mi**nan
    muchos
    silla

2. If a word ends in a consonant other than *n* or *s*, the last syllable is stressed.

    Example: fa**tal**

3. Words that are exceptions to the preceding rules have an accent mark on the stressed vowel.

    Examples: sart**én**
    l**á**pices
    mam**á**
    f**á**cil

4. **Separation of diphthongs:** When *i* or *u* are combined with another vowel, they are pronounced as one sound (a diphthong). When each vowel sound is pronounced separately, a written accent mark is placed over the stressed vowel (either the *i* or the *u*).

    Example: gracias   día

Nombre: _____   **Fecha:** _____

Because the written accents in the following examples are not determined by pronunciation, the accent mark must be memorized as part of the spelling of the words as they are learned.

5. **Homonyms.** When two words are spelled the same, but have different meanings, a written accent is used to distinguish and differentiate meaning.

   Examples:

de	*of*	**dé**	*give* (formal command)
el	*the*	**él**	*he*
mas	*but*	**más**	*more*
mi	*my*	**mí**	*me*
se	*him/herself, (to) him/her/them*	**sé**	*I know, be* (formal command)
si	*if*	**sí**	*yes*
te	*(to) you*	**té**	*tea*
tu	*your*	**tú**	*you*

6. **Interrogatives and Exclamations:** In questions (direct and indirect) and exclamations, a written accent is placed over the following words: **dónde, cómo, cuándo, cuál(es), quién(es), cuánto(s)/cuánta(s),** and **qué.**

Nombre: _____   Fecha: _____

PRÁCTICA

Activity 1 (Capítulo 1)

Read the following words and rewrite each one, placing the correct accent mark(s) accordingly.

1. tambien _____
2. facil _____
3. dificil _____
4. economia _____
5. ciencias politicas _____
6. antropologia _____

Activity 2 (Capítulo 1)

Read the following questions and locate the word or words that require a written accent. Then write each word in the order it appears in the question, and place the correct accent mark(s) accordingly.

¿Donde miras la television?

1. _____
2. _____

¿Que compras en la libreria?

3. _____
4. _____

¿Donde estudias normalmente?

5. _____

¿Donde esta Maria?

6. _____
7. _____
8. _____

¿A que hora es la clase de español?

9. _____

Nombre: _____ **Fecha:** _____

Activity 3 (Capítulo 2)

Read the following words, and then complete each one with the correct accented letter.

1. caf __
2. portugu__s
3. japon__s
4. simp__tico
5. d__bil
6. antip__tico

Activity 4 (Capítulo 2)

Read the following ad that Pablo wrote in order to find a pen pal with common interests. Locate each word that is missing an accent mark; then rewrite the words in the order they appear, placing the correct accent marks accordingly.

Me llamo Pablo Sosa. Tengo 31 años, y soy chileno. Soy agradable y muy trabajador. Me gusta hacer mi trabajo a la perfeccion, pero soy tolerante. Mi pasion son los autos convertibles. Deseo mantener correspondencia por correo electronico con jovenes del extranjero para intercambiar informacion sobre los convertibles europeos y americanos.

1. _____   4. _____
2. _____   5. _____
3. _____

Activity 5 (Capítulo 3)

Listen to the pronunciation of each of the following words and select the syllable that should be accented, according to the rules.

1. can cion
2. mu si ca
3. re u nion
4. pe li cu la
5. ja mon
6. sand wich
7. pe rio di co
8. pa is

A4 ■ *Mosaicos* Student Activities Manual

Nombre: _____   **Fecha:** _____

Activity 6 (Capítulo 3)

Read the following paragraph about fast food. Locate each word that is missing an accent mark; then rewrite the words in the order they appear, placing the correct accent marks accordingly.

La comida rapida es muy popular entre la gente joven. Las "hamburgueserias" de tipo norteamericano existen en muchas ciudades del mundo hispano. Los restaurantes de este tipo en los paises hispanos frecuentemente combinan comida de Estados Unidos con comidas tipicas de su pais.

1. _____   4. _____
2. _____   5. _____
3. _____

Activity 7 (Capítulo 4)

Read the following words and rewrite each with the appropriate accent mark.

1. tio _____   4. papa _____
2. tia _____   5. mama _____
3. fotografia _____

Activity 8 (Capítulo 4)

Read the following description of a Colombian family. Choose the correct word (accented or unaccented) according the rules that you have learned.

Reminder: A Spanish word can only have one written accent. Therefore, an adjective with a written accent loses the regular accent when –ísimo is added.

   Example: fácil – facilísimo.

Mi [(1) mama/mamá] tiene un hermano, mi [(2) tío/tío] Raul. Su esposa es mi [(3) tia/tía] Laura. Tienen tres hijos, y ellos viven [(4) tambien/también] en [(5) Bogota/Bogotá]. Mi primo [(6) Rafael/Rafáel] es el menor. Mis [(7) primas/prímas] Sandra y Sara son gemelas. Mis primos son [(8) simpatiquisimos/simpatiquísimos] y pasamos mucho [(9) tiempo/tiémpo] juntos.

Mis [(10) tios/tíos] tienen dos [(11) sobrinos/sobrínos] en [(12) Bogota/Bogotá], mi hermana [(13) Ines/Inés] y yo. Su otra [(14) sobrina/sobrína], la hija de mi [(15) tia/tía] Lola, vive en Cartagena, al norte del [(16) pais/país].

Nombre: _____   Fecha: _____

Activity 9 (Capítulo 5)

Rewrite the following words, placing the written accent on the correct vowel.

1. arbol _____
2. jardin _____
3. jabon _____
4. sabana _____
5. comoda _____
6. lavanderia _____
7. calefaccion _____

Activity 10 (Capítulo 5)

Choose the appropriate vowels (accented or unaccented) to complete the words in the sentences below.

1. Est__ cas__ de dos p__sos est__ en una c__udad. Tiene muchas ventanas en cada piso, p__ro no tiene jard__n.
2. Aquella casa d__nde est__n la madre y su hij__ es de material s__lido y de un color alegre.
3. Esa casa es de construcci__n s__lida y ti__ne dos pisos y un gar__je. Tiene una pequeña __rea verde en frente.

Activity 11 (Capítulo 6)

Rewrite the following words or phrases, placing the written accent on the correct vowel.

1. Me gustaria _____
2. artesania _____
3. sueter _____
4. sosten _____
5. camison _____
6. poliester _____
7. algodon _____
8. almacen _____

Activity 12 (Capítulo 6)

Listen to the following paragraph and choose the appropriately accented word according to what you hear.

Reminder: The preterit form requires an accent mark on the first and third person singular.

   Examples: Yo hablé. El habló.

La semana pasada, yo [(1) compré/cómpre] un hermoso vestido de fiesta. Roberto [(2) cómpro/compró] un traje, una camisa y zapatos. La ceremonia religiosa fue a las 7:00 de la tarde. La fiesta con familia y amigos [(3) empézo/empezó] a las 9:00 y [(4) término/terminó] a las 4:00 de la mañana. Todos comimos y bailamos mucho.

Nombre: _____ Fecha: _____

Activity 13 (Capítulo 7)

Read the words below and complete each one with the appropriate accented vowel.

1. atm___sfera
2. ___rbitro
3. f___tbol
4. esqu___
5. b___isbol

Activity 14 (Capítulo 7)

Listen to the following paragraph about sports. Rewrite the words in bold with the missing accent mark, or as they appear if no accent mark is necessary.

Entre las grandes **pasiones** nacionales, desde luego, **esta** el **futbol**. Desde su **infancia**, muchos uruguayos acompañan fielmente (*faithfully*) a sus **equipos** favoritos. En varias ocasiones, la **seleccion** nacional uruguaya **gano titulos** y campeonatos importantes.

Pero los **uruguayos** son un pueblo inquieto, de una personalidad **versatil** que no limita su **interes** a un solo deporte. El **basquetbol**, el ciclismo, el rugby, el boxeo y la **pelota** de mano son otros deportes que tienen muchos aficionados.

1. _____
2. _____
3. _____
4. _____
5. _____
6. _____
7. _____
8. _____
9. _____
10. _____
11. _____
12. _____
13. _____

Activity 15 (Capítulo 8)

Read the words and phrases below and rewrite them with the appropriate accent mark.

1. ultimo _____
2. hoy en dia _____
3. melodia _____
4. tradicion _____
5. procesion _____
6. invitacion _____
7. alegria _____

Nombre: _____ Fecha: _____

Activity 16 (Capítulo 8)

Read the paragraph below and choose the correct word (accented or unaccented) according to the rules you have learned.

Era el cumpleaños de nuestra gran [(1) amiga/amíga] Guadalupe [(2) Martinez/Martínez]. Aunque [(3) tenia/tenía] solo veinte años, Guadalupe [(4)era/éra] una chica excepcional. [(5) Estudiaba/Estudíaba] en la UNAM y [(6) tambien/también] trabajaba para ayudar a su familia de ocho [(7) hermanos/hermános]. Todos sus amigos la [(8) admirabamos/admirábamos] por su generosidad, optimismo y [(9) alegria/alegría]. Guadalupe era la amiga que todos [(10) soñabamos/soñábamos] tener.

Activity 17 (Capítulo 9)

Listen as the words below are pronounced and rewrite each word with the appropriate accent mark.

1. curriculum _____
2. peluqueria _____
3. compania _____
4. policia _____
5. medico _____
6. interprete _____
7. cientifico _____

Activity 18 (Capítulo 9)

Read the conversation below and find the words that require a written accent. Write the words, in the order they appear, with the appropriate accent mark.

Reminders:
Homonyms are distinguished by the use of an accent mark. Example: sí vs. si.

Accent marks are sometimes required when pronouns are added to commands, gerunds and infinitives. Example: Dámelo.

Buenos dias, señorita. Me llamo Ricardo Roldan Diaz. ¿Podria darme una solicitud para el puesto de asistente de contador?

Claro que si, Sr. Roldan. Por favor, llene la solicitud y mandenosla pronto.

¿Puedo mandarsela por correo electronico?

Si, pero enviala tambien por correo postal.

1. _____
2. _____
3. _____
4. _____
5. _____
6. _____
7. _____
8. _____
9. _____
10. _____
11. _____
12. _____

Nombre: _____ **Fecha:** _____

Activity 19 (Capítulo 10)

Read the words below and select the word with the correct accented vowel.

1. todavía   todávia
2. lácteo   lactéo
3. fréir   freír
4. mélon   melón
5. limón   límon
6. azúcar   ázucar

Activity 20 (Capítulo 10)

Listen to the following paragraph and complete it by choosing the correct accented or unaccented words.

La comida de los [(1) paises/países] hispanoamericanos es muy [(2) variada/varíada]. En Ecuador, igual que en [(3) Peru/Perú], el [(4) ceviche/ceviché] de pescado o de [(5) camaron/camarón] es muy popular. Otro de los platos [(6) más/mas] populares es la fritada, que combina diversas carnes con [(7) platano/plátano] maduro, el tostado y [(8) maiz/maíz]. Entre los postres, [(9) ademas/además] de la [(10) pasteleria/pastelería], es el muy sabroso [(11) dulce/dulcé] de higos.

Activity 21 (Capítulo 11)

Listen to the words below and rewrite each word with the appropriate accent mark.

1. inyeccion _____
2. antibiotico _____
3. farmaceutico _____
4. clinica _____
5. tension _____
6. sintoma _____
7. infeccion _____
8. cancer _____
9. pulmon _____
10. oido _____
11. musculo _____
12. estomago _____
13. corazon _____

Activity 22 (Capítulo 11)

Choose the appropriate vowel (accented or unaccented) to complete the words in each sentence below.

1. Los res__dentes del barr__o prefieren que la cl__nica no cierre antes de las s__ete.
2. La niñ__ espera que el enf__rmero no le ponga una inyecci__n.
3. Ojal__ que puedas llevarme a la cit__ con la m__dica.
4. El m__dico le proh__be que s__lga por unos d__as.

Nombre: _____ **Fecha:** _____

Activity 23 (Capítulo 12)

Read the words below and complete each one with the appropriate accented vowel.

1. cajero autom__tico
2. correo electr__nico
3. buz__n
4. linea a__rea
5. avi__n
6. autob__s

Activity 24 (Capítulo 12)

Read the dialogue. Then, rewrite the words that appear in bold, and include a written accent when appropriate.

–**Jose Luis**, mi maleta casi **esta** lista. ¿Y la tuya?

–¡La **mia** no! **Despues** del programa la voy a empacar. ¿Ya empacaste tus libros, **mama**?

–Los **mios** ya **estan** en **mi maletin**. ¿Y los **zapatos** de Nora?

–Los **suyos estan** en su mochila.

1. _____
2. _____
3. _____
4. _____
5. _____
6. _____
7. _____
8. _____
9. _____
10. _____
11. _____
12. _____
13. _____

Activity 25 (Capítulo 13)

Listen as the words and phrases below are pronounced, and rewrite them with the appropriate accent marks.

1. bailarin _____
2. politica _____
3. poblacion _____
4. a traves de _____
5. area _____
6. exito _____
7. segun _____

Nombre: _____   Fecha: _____

Activity 26 (Capítulo 13)

Read the sentences below. Rewrite the words that appear in bold and include the appropriate written accent for those words that require one.

¿**Que haria** usted?

Compraria boletos **rapidamente** para no perder la **oportunidad** de verla.

Visitaria las salas donde **estan** las pinturas de **Velazquez**.

Compraria una **novela** de Gabriel **Garcia Marquez**.

1. _____
2. _____
3. _____
4. _____
5. _____
6. _____
7. _____
8. _____
9. _____
10. _____
11. _____
12. _____
13. _____
14. _____

Activity 27 (Capítulo 14)

Choose the word with the correct written accent.

1. enérgico   energíco
2. mayória   mayoría
3. estádistica   estadística
4. separacíon   separación

Activity 28 (Capítulo 14)

Listen to the following sentences and choose the correct form of the words given.

Cuando yo [(1) tenia/tenía] diez años, ya [(2) habia/había] escuchado [(3) discusiones/discusiónes] [(4) politicas/políticas] en mi casa.

Cuando yo [(5) tenia/tenía] [(6) dieciseis/dieciséis] años, mis amigos y yo nos [(7) habiamos/habíamos] [(8) inscrito/inscritó] en un partido [(9) politico/político].

Cuando [(10) paso/pasó] el primer [(11) semestre/seméstre] de la universidad, yo ya me [(12) habia/había] acostumbrado a lo que [(13) tenia/tenía] que hacer.

Nombre: _____   Fecha: _____

Activity 29 (Capítulo 15)

Read the words below and select the word with the correct accented vowel.

1. paracaídas   paracáidas
2. preservacíon   preservación
3. deforestacíon deforestación
4. pérdida   perdída
5. ráton   ratón
6. cárton   cartón
7. pórtatil   portátil

Activity 30 (Capítulo 15)

Read the sentences below and find the words that require a written accent. Write the words, in the order you find them, with the appropriate accent mark.

Si tuvieramos mucho dinero, comprariamos una casa.

Si hubiera tiempo suficiente, estudiaria el italiano.

Si fueramos a Disneylandia, me subiria a Splash Mountain tres veces.

La atmosfera sufrira un calentamiento que hara subir el nivel del mar.

Habran robots que se ocuparan de hacer la limpieza.

1. _____
2. _____
3. _____
4. _____
5. _____
6. _____
7. _____
8. _____
9. _____
10. _____

Notas

Notas

Notas

Notas

Notas

Notas

Notas

Notas